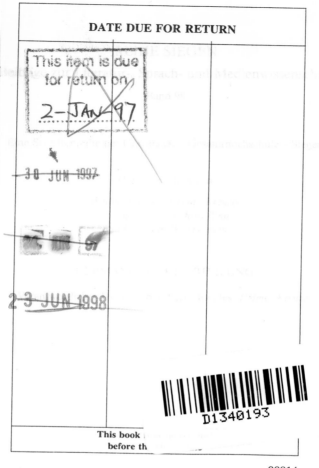

Gedruckt mit Unterstützung des
College of Humanities,
The Ohio State University

BERND FISCHER

Christoph Hein
Drama und Prosa
im letzten Jahrzehnt der DDR

HEIDELBERG 1990

CARL WINTER UNIVERSITÄTSVERLAG

CIP-Titelaufnahme der Deutschen Bibliothek

Fischer, Bernd:

Christoph Hein: Drama und Prosa im letzten
Jahrzehnt der DDR / Bernd Fischer. – Heidelberg: Winter, 1990

    (Reihe Siegen; Bd. 98: Germanistische
Abteilung)

    ISBN 3-533-04275-8 kart.
    ISBN 3-533-04276-6 Gewebe

NE: GT

1000730864

ISBN 3-533-04275-8 kart.
ISBN 3-533-04276-6 Ln.

Inhalt

Vorwort

Zum gegenwärtigen Zeitpunkt ein Buch zur Literatur der DDR zu veröffentlichen, ist so reizvoll wie problemreich. Die politischen und gesellschaftlichen Umbrüche der letzten Monate bieten dem Literarhistoriker die seltene Möglichkeit, Geschichte unmittelbar als ihr Zeitgenosse zu schreiben. Zugleich bringt das Erlebnis eines historischen Umschwungs aber auch die methodischen Probleme und offenen Fragen der Geschichtsschreibung verschärft zu Bewußtsein. Dies ist z. B. nicht das erste Vorwort, das ich zu diesem Band schreibe. Frühere Versuche wurden innerhalb weniger Tage von den politischen Ereignissen überholt. Bezeichnenderweise machte bei der erneuten Durchsicht der von 1984 bis 1989 geschriebenen Interpretationen die Wahl der Zeitform eine besondere Schwierigkeit aus. Eigentlich kann man nicht nur über die DDR, sondern auch über die Interpretation ihrer Literatur vor dem Herbst 1989 nur im Präteritum berichten. Ich habe dann doch das Präsens des jeweiligen Zeitraums der Niederschrift beibehalten. Zeitgenossenschaft, die auch Christoph Hein vor allem anderen von der Literaturkritik fordert (vgl. das erste Kapitel), und Geschichtsschreibung vertragen sich selten, und eben von dieser ungelösten hermeneutischen Frage handeln in der ein oder anderen Weise nahezu alle Werke Christoph Heins.

Mit dem Staat ist im November 1989 auch die Literatur der DDR zur Geschichte geworden ist. Denn nicht oft hat es in den letzten Jahrhunderten eine Literatur gegeben, die so eng und konkret an die politischen Prozesse ihres Staates gebunden war. Selbst wenn dieser Bezug auch in Zukunft fortbestehen sollte, so wird mit dem neuen Staat auch eine neue Literatur entstehen. Die Literatur des sozialistischen Experiments stalinistischer Prägung auf deutschem Boden hat auf jeden Fall einen Abschluß gefunden. Man könnte sogar spekulieren, daß es eine Reihe von kritischen oder affirmativen Autoren in der DDR gegeben dürfte, die auf fertigen Manuskripten sitzen, die wohl kaum noch (zumindest nicht ohne einschneidende Eingriffe) das Licht der Öffentlichkeit erblicken werden. Denn diese selbst, das literarische Publikum, hat sich in Anspruch und Erwartung gewandelt. Der Herbst 1989 bedeutet nicht nur für die Politik, sondern auch für die Literatur der DDR (und nicht nur dieses Staates) eine historische Zäsur, wie wir sie seit vierzig Jahren nicht mehr erlebt haben.

Daher scheint es sinnvoll, bereits jetzt ein Buch über einen noch jungen Autor zu schreiben, der vielleicht nicht einmal die Mitte seines Schaffens erreicht hat. Mein Ausgangspunkt war zunächst die Beobachtung eines spezifischen Moments literarischer Selbstdiagnose. Die kritische Literatur der DDR glaubte in den achtziger Jahren zu wissen, daß sie der Geschichte nicht standgehalten habe, daß auch in der DDR der intellektuelle Diskurs im kreisförmig erstarrten Räuber-und-Gendarm-Spiel, schließlich in immer wieder neu aufgelegten Endspielen der Geschichte erlegen sei und sich in der historischen Arena allenfalls mit Kunststückchen, mit intellektuellen Clownerien behaupten konnte. Ja, die Literatur hat eben diese Selbstdiagnose vielfach zu ihrem eigensten Thema gemacht. Das gilt vielleicht für niemanden stärker als für Christoph Hein, der von einem seiner ersten Dramen (*Schlötel oder Was solls*, 1974) bis zu seinem vorerst letzten (*Die Ritter der Tafelrunde*, 1989), von seiner ersten Prosasammlung (*Einladung zum Lever Bourgeois*, 1980) bis zu seinem jüngsten Roman (*Der Tangospieler*, 1989) das Scheitern des Intellektuellen in der Geschichte, auch und vor allem in der sozialistischen Geschichte, in all seiner traurigen Komik auf die Bühne und zu Papier gebracht hat. Gerade in den Einsichten und Entdeckungen ihrer Selbstdiagnose liegt, so ist heute offensichtlich geworden, die historische Leistung dieser Literatur. Es handelt sich um eine Literatur, die die Scheinwahrheiten und ideologischen Mauern ihrer eigensten Wirkungsweise bereits durchbrochen hatte, ehe die politischen Mauern fielen und vielleicht auch fallen konnten.

Columbus, im März 1990

6

Wege einer ästhetischen Theorie

Christoph Hein ist ein Autor, dem sich keine geschlossene und abgedichtete Ästhetik und Poetologie nachweisen läßt. Andererseits hat er sich nicht gescheut, sein literarisches Schaffen, seine Stellung als Schriftsteller und Intellektueller in Staat und Gesellschaft der DDR öffentlich zu reflektieren. Dieser Umstand kann nicht ohne Auswirkungen auf die Arbeit der literaturwissenschaftlichen Interpretation bleiben, werden dem Interpreten doch ausformulierte Positionen geboten, an denen er sich orientieren, reiben, seine Lektüreerfahrung überprüfen und seine eigene Stellung orten kann. Entsprechend soll in diesem Band zwar die interpretative Aufarbeitung des bisherigen Werkes von Christoph Hein im Mittelpunkt stehen, beginnen möchte ich aber damit, den 'Zeitgenossen' Hein anhand einiger Texte vorzustellen, die er selbst zum Verständnis seiner Ästhetik vorgelegt hat.[1]

Es ist kein Zufall, daß Hein auch in der DDR erst mit seinen Prosabänden breiteres Aufsehen erregt und den Kulturbetrieb zur Reaktion gefordert hat. Symptomatisch dafür stehen die Verleihung des Heinrich-Mann-Preises (1982) nach der Veröffentlichung des ersten Prosabandes *Einladung zum Lever Bourgeois* und die breite Diskussion, die das zweite Prosawerk *Der Fremde Freund* (1982) im DDR-Feuilleton ausgelöst hat.[2] Hein selbst hat diesen Komplex schon früh in einem Interview mit dem DDR-Magazin *Theater der Zeit* (7/1978) angesprochen: "Das gegenwärtige Theater ist Schreibanlaß für Prosa."[3] Seines Erachtens "verfahren die Thea-

---

[1] Nicht behandelt werden neben einigen Erzählungen aus *Einladung zum Lever Bourgeois* und dem Kinderbuch *Das Wildpferd unterm Kachelofen* die Stücke *Vom hungrigen Hennecke, Die Geschäfte des Herrn John D.* und *Der neue Menoza oder Die Geschichte des kumbaischen Prinzen Tandi*.

[2] Zur DDR-internen Diskussion des *Fremden Freundes* vgl. unten Kapt. 3. Weitere Auszeichnungen: Westdeutscher Kritikerpreis (1983) und Lessing-Preis (1989).

[3] Ich zitiere aus dem Interview-Auszug, der als Essay unter dem Titel "Hamlet und der Parteisekretär" in *Schlötel oder Was solls. Stücke und Essays* (Darmstadt 1986), 177-82, hier 177, abgedruckt wurde. Zitate aus diesem Band werden im folgenden im Text mit dem Kürzel SCH nachgewiesen.

ter mit neuer Dramatik wie mit Brandschutzbelehrungen: In unregelmäßigen Abständen erinnern sie sich ihrer als einer mißlichen Verpflichtung, die es zu überstehen gilt" (SCH, 178). Die Gründe für diesen Zustand sieht Hein darin, daß der Theaterbetrieb der DDR eine (politisch) abgesicherte Position in der selektiven Verwaltung des Erbes gefunden habe und im übrigen den Bedürfnissen des breiten Publikums folge und auf das Boulevardstück setze. Die Problematik der Erbediskussion, die sich nicht vom offiziösen Geschichtsverständnis der DDR lösen läßt, wird uns unten anhand von Heins historischen Stücken beschäftigen. Die Berechtigung des Boulevardstücks steht für Hein dabei außer Frage. Er fordert sogar "die Errichtung eines sozialistischen Boulevardtheaters [...], die nachgeholte Legitimation eines tatsächlichen Zustandes" (SCH, 182), um das staatlich geförderte Kulturtheater so für drängende dramatische Aufgaben zu entlasten. Denn solange die Produktionsverhältnisse dem Individuum nur gerade soviel Freizeit lassen, um seine Kräfte für den Arbeitsprozeß zu regenerieren, kommt das Unterhaltungstheater einem realen Kulturbedürfnis entgegen. Im Hintergrund dieser an der Grenze zur Polemik vorgetragenen Kritik steht noch immer die Marxsche Utopie einer allseitig entfalteten Persönlichkeit im kommunistischen Gemeinwesen, an der Hein lange und vielfach belegbar als reale Utopie der DDR festhält. Dazu gehört auch die Hoffnung, daß die Kunst sich in dieser zukünftigen Gesellschaft (deren Keime in der sozialistischen Revolution der DDR gelegt seien) von den Bedingungen ihrer bürgerlichen Genese befreien kann, daß u. a. die kapitalistische Verwertungs-Dichotomie von Kunstproduzenten und -konsumenten überwunden wird.

> Diese vollkommene Form der Freizeit ist in einem Gemeinwesen die Kunst. Jedes Individuum ist befähigt, seine Herzensschmerzen und -freuden zu artikulieren, und die von entfremdender und verkrüppelnder Arbeit befreite Gesellschaft wird es dazu berechtigen. Was jetzt noch Sache von Spezialisten ist, wird allgemeines Spiel der Produzenten im Reich der Freiheit. Muß es werden, da diese Arbeitsteilung schon heute überlebt ist: Die aristokratische Haltung, künstlerische Produktion auf wenige Individuen ('Künstler') zu beschränken, verliert ihre einstmals sicheren Gründe, wird reaktionär (SCH, 180).

Expliziter hat Hein sich mit der Problematik der privilegierten Kunst in der sozialistischen Gesellschaft anhand von Heinrich Heines Klage aus dem Vorwort zur *Lutetia* auseinandergesetzt, daß die neue kommunistische Gesellschaft, deren Zukunft Heine für notwendig erachtet, da nur sie die Ungerechtigkeit der alten Gesellschaft überwinden könne, zugleich sein geliebtes Spielzeug, die Poesie, zertreten werde. Mit Blick auf das Schicksal der Poesie in der DDR versucht Hein, diese Vision des "Propheten" Heine zu überprüfen.[4] "Die Produktion von Kunst bedarf einiger Individuen, die den zur Kunstproduktion nötigen Freiraum nur auf Kosten des eingeschränkten Freiraums anderer haben. Kunst als Parasit, als Nutznießer der Ausbeutung" (AHQ, 185). Diese Voraussetzung hat auch in der arbeitsteiligen Gesellschaft der DDR ihre Gültigkeit nicht verloren. Was die DDR-Gesellschaft dagegen bereits nicht mehr kennt, ist der Kunstkonsument, der seine Fähigkeiten und Fertigkeiten, Kunst aufzunehmen, zu verstehen, einen Kunstsinn zu entwickeln, auf Kosten anderer entfaltet" (AHQ, 186). Bestätigt sich Heines Prophetie also bereits in der DDR: "Haben wir eine gerechtere Gesellschaft auf dem Grabe der Kunst errichtet? [...] Eine fatale Frage Heines. Wir werden sie verstanden haben, wenn wir begreifen, daß sie nicht beantwortbar ist, sondern als bedrängende Warnung anzunehmen" (AHQ, 186). Und doch läßt sich Heins Antwort auf diese Frage relativ präzise umreißen. Kunst ist in dem Maße als gerechte Kunst möglich, wie es der sozialistischen Gesellschaft gelingt, die Arbeitsteilung zu überwinden, so daß im utopischen Maß jeder zum Kunstproduzenten und mit Kunstsinn ausgestatteten Rezipienten werden kann; oder zumindest, soweit es gelingt, das Privileg der müßigen Kunstbildung allen Bürgern etwas mehr zukommen zu lassen. Entsprechend kommt Hein um ein technokratie-utopisches Moment nicht herum: Einer wahrhaft demokratischen Kunst hat die gerechte Verteilung der um ein Vielfaches erweiterten Freizeit vorauszugehen. Die Problematik einer technokratischen Rationalisierung der Produktivkräfte, die dieser Utopie vorausgehen müßte und die heute wohl nur

---

[4] Christoph Hein, "Lorbeerwald und Kartoffelacker. Vorlesung über einen Satz Heinrich Heines" (gehalten vor Germanistik-Studenten der Universität Jena am 9.12.1981), abgedruckt in *Die wahre Geschichte des Ah Q*, (Darmstadt 1984), 165-187, hier 167. Zitate aus diesem Band werden im folgenden im Text mit dem Kürzel AHQ nachgewiesen.

noch den Weg der industriellen Automation kennt, berührt Hein nicht. Dennoch stellt seine Utopie zu diesem Zeitpunkt die 'Erfindungen der Poesie' implizit in Abhängigkeit von den Erfindungen im materiellen Produktionsprozeß. Heines zentrale Frage, ob die Utopie der kommunistischen und d. h. jetzt auch der industrialisierten bzw. automatisierten Gesellschaft überhaupt noch Raum für die Poesie bzw. ein Bedürfnis nach ihr kennt, stellt Hein sich (freilich vornehmlich auf den westlichen Kulturbetrieb bezogen) erst Jahre später in *Maelzel's Chess Player goes to Hollywood*, einem Aufsatz, der sich nicht zuletzt mit Walter Benjamins Thesen zum *Kunstwerk im Zeitalter seiner technischen Reproduzierbarkeit* auseinandersetzt.[5] Nimmt Hein einerseits (bis zum Ende der 80er Jahre auch in seinem literarischen Schaffen) kaum Anteil an der radikal-pessimistischen Kritik der technokratischen Fortschrittsrationalität in der industrialisierten Welt, die große Teile der DDR-Literatur seit den späten 70er Jahren prägen (u. a. die Endspiele Heiner Müllers, eines von Heins dramatischen Lehrern), so greift er in diesem Essay doch auf zivilisationspessimistische Thesen zur Massenkultur zurück, die den westlichen Leser freilich nicht unbedingt als innovativ anrühren mögen. Interessant ist allemal Heins Auseinandersetzung mit Walter Benjamin, auf dessen Thesen zur Geschichtstheorie wir im interpretativen Teil zurückkommen müssen.

Über die Problematik der Identitätsfindung konstruiert Hein in diesem Aufsatz einen Gegensatz zwischen der Identität der Massen und der Identität der "Forscher und Entdecker," der Künstler (ÖFF, 167). Finden die Massen Identität in den bereits "geklärten, gesicherten, unumstößlichen Bereichen [...], also in den schon erreichten und bewohnten Plätzen," so bedeutet die "Forderung, in seiner Zeit die eigene Identität zu finden," für den Entdecker, sich "im (noch) Unbewohnbaren anzusiedeln, ja, auf die Siedlung, die Behausung zu verzichten, da sie einen retardierenden Moment im Zeitstrom darstellt, einen Stillstand markiert in einem tatsächlich bewegten Fluß" (ebd.). "Behagen, Selbstfindung" stellen sich über die "Vernunft des Herzens" ein, an der neben der Religion und der Philosophie

---

[5] Christoph Hein, "Maelzel's Chess Player goes to Hollywood. Das Verschwinden des künstlerischen Produzenten im Zeitalter der technischen Reproduzierbarkeit," in ders., *Öffentlich arbeiten: Essais und Gespräche* (Berlin, Weimar 1987). Seitenangaben hiernach im Text hinter dem Kürzel ÖFF.

auch die Kunst einen Anteil hat (ÖFF, 168). Daher ist auch ihr eine Tendenz zum "Regreß, das Festhalten an Überkommenem, das beständige Verweilen im Gestern" eigen (ÖFF, 169). Im Gegensatz zur Wissenschaft und Technik kann die Kunst anachronistisch sein, ja für die Massen ist es sogar üblich, "die neuen Lösungen als nicht zur Kunst gehörig, als Unkunst, Unkultur abzulehnen, sie nicht wahrzuhaben" (ebd.). Denn die Vernunft des Herzens ist im Vergangenen, in der Tradition, im Bewährten zu Hause, sie ist (auch durch Erziehung) konservativ. Sie will "Schönheit, Harmonie [...] Trost und Ermunterung" (ÖFF, 170). "Es sind Werte, die nicht auf Erkenntnis der Welt zielen, sondern auf Möglichkeiten, in ihr zu leben" (ebd.). Ist somit ein Gegensatz von Kunst und Massenkunst geschaffen, so kann von daher Benjamins Hoffnung auf "eine Umwälzung der gesamten sozialen Funktion der Kunst" aufgegriffen werden (ÖFF, 173). Tatsächlich, so konstatiert Hein, hat die Technik die Aura und das daran gebundene Ritual der Einübung in eine anachronistische Kunst und ihre Angebote an die Vernunft des Herzens inzwischen weitgehend entwertet. Gleichzeitig "stehen wir heute vor dem Beginn einer umfassenden, generellen Demokratisierung aller Kunst, ihrer Produktion wie ihrer Reproduktion. [...] Die Entwicklung der technischen Apparate ermöglicht das Ende der Spezialisten" (ÖFF, 175). Dennoch hat sich Benjamins Hoffnung nicht bestätigt. Die Gründe dafür findet Hein nicht in der Technik, sondern in der Politik:

> darin, daß auch das Kunstwerk im Zeitalter seiner technischen Reproduzierbarkeit produziert und reproduziert wird in Gesellschaften, die ökonomischen und politischen Bedingungen unterliegen. [...] Die durch die Reproduzierbarkeit möglich gewordene massenweise Verbreitung des Kunstwerks führte zu einer Internationalisierung marktführender oder -beherrschender Konzerne, die Produkte der Kunst herstellen, reproduzieren und verbreiten (ÖFF, 175f.).

"Hollywood überschwemmte den Globus nicht allein mit seinen Kunstreproduktionen, sondern dadurch auch mit seiner Ideologie und Ästhetik" (ÖFF, 176). Diese Ideologie und Ästhetik ist notwendig die des Marktes, des geschäftlichen, "internationalen Erfolg[s]" (ÖFF, 177). Und diese Ästhetik des Marktes hat dann doch nicht auf die Aura und das Ritual verzichten müssen, sondern hat auch sie ihren Interessen unterworfen: in der Propagierung genialer Filmemacher, einzigartiger Schauspieler und Autoren, kurz im Star-Kult. Die Ästhetik des Marktes ist die Ästhetik der Serienproduktion, deren technokratische Utopie für Hein darin besteht, daß letztendlich der Computer die eingegebenen Werte wie Milieu, Figuren, Konflikte, Katastrophen, das happy-end etc. zu immer neuen Kombinationen arrangiert.

> Das Publikum ist versichert, durch nichts verschreckt, verwirrt oder beunruhigt zu werden. Situationen und Ablauf der Geschichten sowie die Konstruktionen der Personen bewirken ein unendliches Deja-vu-Erlebnis des Publikums. Das Überraschende, das Ungewisse, die Spannung, das suspense, sie sind der unaufhörlichen Wiederholung untergeordnet. Der Schrecken ist immer vorhersehbar, das plötzlich eintretende Ereignis war lange bekannt. Gleichförmigkeit und Wiederholung sind die Fundamente dieser Dramatik. [...] Das Anheimelnde schafft Genuß und das unaufhörliche Gleichmaß der Bewegung eine bewohnbare Idylle. Die Katastrophe wie das happy-end sind von sich gleichender Gemütlichkeit (ÖFF, 181).

Damit aber kommt die Serienkunst dem Bedürfnis der Massen, der Vernunft des Herzens, nach bewohnten und bewohnbaren Plätzen auf zwingende Weise nach. Dabei kann sie sich sogar aufgrund von schneller Verarbeitung von Nachrichten, Tabubrüchen etc. den Mantel der Avantgarde umhängen. Die Massenkultur ist eine Maschine, die uns noch vorspiegelt von Menschen, von Einbildungskraft und Poesie bedient zu werden, auf diese aber längst verzichten kann. "Und diese Produkte formen den Konsumenten" (ÖFF, 188). Wer könnte diesem Befund angesichts der Produktionen des kommerziellen Fernsehens, großer (besonders lukrativer) Teile des kommerziellen Films, der längst Realität gewordenen Computermusik auf nahezu allen US-Radiostationen und den Anfängen der Computerfiktion widersprechen. "Benjamins Prophetie trog. Sie gründete allein auf Hoffnungen und auf einem unbedingten Willen zur Hoffnung" (ÖFF, 189). Und Hein schlägt sich implizit auf die Seite Adornos:

> Unter diesen Verhältnissen ist alles nur noch von einer Kunst zu erwarten, die sich der Reproduktionsindustrie entzieht bzw. von ihr als nicht verwertbar angesehen wird. Unter diesen Verhältnissen wird der Elfenbeinturm ein frech-avantgardistisches und revolutionäres Bauwerk und das einzigartige Talent mit seiner Aura von Geheimnis und Genialität zur sozial verantwortungsvollen Gegenposition. Progressiv wird der Rückgriff in eine reiche Tradition, und die traditionelle Haltung zum utopischen Griff in eine menschen- und kunstfreundlichere Zukunft. Denn die technische Reproduzierbarkeit des Kunstwerks ermöglicht unter diesen Verhältnissen keine Liquidierung des Kultwertes und keine praktische Aneignung des Kunstwerkes, sondern allein die Gegenwart des Marktes. [...] und die massenweise Verbreitung setzte der zu verbreitenden Kunst eine neue Ästhetik,

deren alles umfassender Grundsatz in der Forderung nach Konsens mit dem stets angestrebten Gesamtpublikum besteht. Übereinstimmung und gemeinsamer Nenner, Gleichheit und Gemeinsamkeit, es sind wieder die demokratischen Spielregeln, die Demokratie verhindern (ÖFF, 189).

Nun ist dies eine Position, die nicht nur Autoren der kapitalistischen Länder, sondern neuerdings auch die jüngste Autorengeneration der DDR für sich einklagen. So heißt es denn auch bei Hein an einer Stelle: "Die Quantität erbrachte - bevor sie zu einer Qualität gelangen konnte - für das reproduzierte Kunstwerk das bevormundende und beherrschende Interesse des Marktes oder des Staates [!]" (ÖFF, 189f.). Die massenhafte Reproduktion erlaubte "den Zentralismus in der Kunst und ermöglichte damit die nahezu vollständige Kontrolle der gesellschaftsbeherrschenden Kräfte in einem Bereich, der zuvor als zu entlegen, verworren und wirtschaftlich bedeutungslos galt" (ÖFF, 190). Die kritische Potenz der Kunst tendiert in marktästhetischen Zeiten gegen Null.

> Was für den Markt nicht existiert, ist nicht. [...] Jede Verweigerung, jeder Widerstand sind solange nicht wirklich, wie der Markt sie nicht wahrnimmt. Und sie beginnen zu existieren, sobald die Verweigerung und der Widerstand verwertbar und reproduzierbar werden. Je heftiger und radikaler dabei das Kunstwerk gegen den Kunst-Markt steht, umso gewisser die künftige massenweise Reproduktion. Jede Haltung wird dadurch zur Pose (ÖFF, 190f.).

Wo nicht der Markt, sondern der Staat die Reproduktion der Kunst "bestimmt und überwacht," wird er zum "Zensor" (ÖFF, 191). Staatliche Werte sollen statt des Marktes die Reproduktion der Kunst regieren. "Gralshüter dieser anderen Werte wurde die Bürokratie, die durch ihre allesumfassende Verwaltung und die beständig veränderbaren Bestimmungen unfehlbar ist" (ebd.).

> Wo jedes Urteil sowohl unfehlbar als auch in kürzester Zeit hinfällig ist, wird das zwischen den Schreibtischen wandernde Papier, der unerledigte Vorgang zur Staatsräson. Produktion wie technische Reproduktion werden - was immer sie sonst sind - somit zu fortgesetzten Angriffen auf die Bürokratie [...]. Eben dadurch wird das Kunstwerk, unabhängig von seinem Inhalt und seiner künstlerischen Tendenz, politisiert und wirkt selbst politisch. Was die Bürokratie zu verhindern sucht, sie erschafft es (ÖFF, 192).

"Das massenhafte Erscheinen des Kunstwerkes durch die Möglichkeiten seiner technischen Reproduktion ließ von der Freiheit des Marktes allein den Markt übrig und vom kunstsinnigen Mäzen den Zensor" (ÖFF, 193).

13

Sind somit die Kultur des Kapitalismus und des bürokratischen Sozialismus gleichermaßen in ihrer spezifischen Kunstfeindlichkeit beschrieben, so bleibt Hein nur die Hoffnung "trotz der Geschichte auf die Geschichte" (ebd.), für deren skeptischen Statthalter er Benjamins Angelus-Novus-Interpretation zitiert. Nicht zuletzt darum ist Heins Poesie in erster Linie zur Erfindung von Geschichte, zur poetischen Arbeit an der Geschichte geworden.

Schon in älteren Aufsätzen bezeichneten die 'Erfindungen der Poesie' das zentrale Kriterium, an dem Hein den Zustand der Kunstproduktion mißt. Poesie bedarf ständig "der Entdeckung, der Erfindung, des Neuen also" (AHQ, 171). Das Festhalten am Bewährten bestimmt die Mode, gewährt den Erfolg, der zugleich poetische Makulatur ist. Unter Berufung auf Heiner Müller wird "die deutsche Literatur, ja selbst die Weltliteratur zu einer übersichtlichen Handbibliothek verkürzt. Literaturgeschichte wird dann zu einer Geschichte permanenter Revolutionen der Formen, der Ästhetik, eine höchst beunruhigende Folge von Widersprüchen, Fantasie und Neuerungen" (AHQ, 172). Die Produktion von 'Makulatur' ist freilich auch in der gegenwärtigen Gesellschaft der DDR noch unabänderlich. Denn sie kommt den Sicherheitsbedürfnissen des Individuums, der Gesellschaft, des Staates entgegen, dem Bedürfnis des 'Sich-Zurechtfindens'. Für Hein ist es dabei keine Frage, daß der Preis der Sicherheit im Mangel an Erkenntnis, in der Verfestigung der Verhältnisse beruht. Er zitiert ein bekanntes Sgraffito: "Kunst ist, was man nicht kann, denn wenn mans kann, ists ja keine Kunst" (AHQ, 178). Entsprechend kann die wissenschaftliche Erfassung der Formen und Techniken von Kunst diese nur ex negativo bestimmen, kann erklären, was heute keine Kunst mehr ist.

Die Erfindung bestimmt für Hein auch das Verhältnis von Kunst und Handwerk. Handwerk, tun was man kann, ist "die Voraussetzung für Erfindung, für neu zu erfindende Wirklichkeit, was ja Poesie schließlich ist. Die Erfindung selbst hat sich von allem überkommenen Handwerk frei gemacht, sie ist etwas Unvergleichliches" (AHQ, 179). Deshalb liegt im Schaffen von Kunst, die versucht, was man nicht kann, immer auch die Möglichkeit des Scheiterns. Denn es "muß nicht Kunst sein, aber es kann sein, daß es Kunst ist" (AHQ, 179). Das Wesen der Kunst besteht in der Neuerfindung von Wirklichkeit, bloßes Handwerk (etwa das Handwerk des Sozialistischen Realismus) ist dagegen nichts anderes als die Einübung in anachronistische Wirklichkeiten.

14

Hein weiß, wogegen er sich zu wehren hat. Denn interessanterweise betonten zahlreiche DDR-Kritiker das handwerkliche Können, mit dem er von Anfang an die literarische Szene der DDR betreten habe. So urteilt z. B. Hans Kaufmann:

> Wüßte man es nicht, so wäre nicht ohne weiteres erkennbar, daß der Verfasser des 'Albums Berliner Stadtansichten' mit dem des Cromwell-Dramas und dieser mit der Novelle vom 'Fremden Freund' identisch ist. Da seine gedruckten Arbeiten kaum Spuren von anfängerhafter Unbeholfenheit aufweisen, sondern vielmehr durch handwerkliche Gediegenheit und sichere Formgebung hervorstechen, verstärkt sich dieser Eindruck.[6]

Kaufmann beschreibt Heins Kunst als Experiment mit längst verfügbaren Formen. Innovation erkennt er nur inbezug auf den Entwicklungsgang des Autors, Revolutionen der Form findet er nicht und damit auch keine des Inhalts. "Auf einige Interview-Äußerungen Heins sich berufend, könnte man die Ansicht der Dramenfiguren für die des Autors nehmen: Die Botschaft besteht darin, keine Botschaft zu haben."[7] Kaufmann weiß natürlich, welch provokative Sprengkraft für die Literaturnormen der DDR selbst in diesem Satz noch liegt, und bemüht sich entsprechend, ihn am Ende seines Aufsatzes bis zur Aussagelosigkeit einzuschränken.

Hein selbst bietet zu dieser Frage zunächst eine Reihe negativer Bestimmungen. Den Erfindungsraum der Poesie spezifiziert er in einem Essay zu einem Satz Anna Seghers "Worüber man nicht reden kann, davon

---

[6] Hans Kaufmann, *Über DDR-Literatur. Beiträge aus fünfundzwanzig Jahren* (Berlin, Weimar 1986), 231; ähnlich auch Peter Hacks, s. u.

[7] Ebd. Ähnlich argumentierte auch ein etwas weiter außen stehender Kenner der DDR-Literatur. Erich Loest ordnet Hein der Gruppe von DDR-Autoren zu, die in Ost und West veröffentlichen und den Rahmen der erlaubten Form vorsichtig immer ein wenig auszuweiten versuchen. Hein gilt Loest sogar als einer der wenigen Nachwuchsautoren dieser Gruppe. Erich Loest, *Leipzig ist unerschöpflich. Über die vier Arten von DDR-Literatur heute.* Paderborner Universitätsreden (Paderborn 1985), 13f. Die anderen drei Gruppen sind a) staatstreue Autoren, die in der DDR (mit stattlichen Auflagen) veröffentlichen und sich weitgehend an die einschlägigen Tabus halten (Mauer, 17. Juni, Pragkrise, Leistungssport, Armeedienst etc.); c) Autoren, die in in der DDR leben, aber nur oder vor allem im Westen veröffentlichen; d) Autoren, die im Westen leben, aber noch über die DDR schreiben.

kann die Kunst ein Lied singen" (SCH, 7-19). Der Text konzentriert sich auf die Kritik einschlägiger Theorien zum Wirkungspotential der Literatur. "[...] Literatur ist wohl ein Reagieren auf Geschichte, aber kein Urheber derselben" (SCH, 8). "Literatur hat das Fortschreiten der Menschheit nicht bewirkt. Wo sie ihren Beitrag dazu leistete, hat sie auch ihren Anteil am menschenfeindlichen Fortschritt und der Barbarei" (SCH, 10f.). Eingeschoben ist eine grundsätzliche Anmerkung zum Begriff Zivilisation: "Zivilisation ist der jeweils erreichte Stand der Waffentechnik samt ihrer zivilen Abfallprodukte und den sich daraus ergebenden materiellen und sozialen Lebensbedingungen der staatsabhängigen Bürger. Soviel zum Zauberwort Zivilisation" (SCH, 10). Dennoch ist die Literatur nicht ohnmächtig. Denn nicht die Reaktion auf gegebene Zustände ist Aktion, Veränderung, sondern die Reaktion auf die Beschreibung von Zuständen.

> Der Selbsterhaltungstrieb bewahrt uns davor, diese Welt wirklich aushalten zu müssen, indem er unsere Sinne mit einem dicken Fell versieht. Eine nützliche zweite Haut, die uns vor dem schützt, was uns zu diesem Leben unfähig machen würde, und ein gefährliches Fell, denn es erlaubt uns, Unerträglichkeiten zu ertragen und damit das Leben insgesamt zu gefährden (SCH, 14).

Die Literatur ist in der Lage, "dieses Fell des Schutzes, der Abwehr, des Desinteresses, des Hinnehmens und Duldens gelegentlich [... zu durchbrechen], auf die Nerven des Verstandes wie des Gefühls zu treffen" (SCH, 15).

Hein weiß, daß Literatur nicht in Kritik aufgeht, obwohl ihr die Potenz zur Kritik immer gegeben ist, da sie wie andere Formen der Kritik auf sprachlicher Bennenung beruht. Einen grundsätzlichen Unterschied der literarischen Sprache etwa zu den Sprachen der Wissenschaften, sieht Hein aber darin, daß Literatur zwar wie andere Sprachen die Welt erschließt, menschlich faßbar macht, strukturiert, dies aber sui generis via Phantasie, auf dem Wege der Erfindungen der Fiktion zu leisten hat. "Jedoch nutzt sie weniger die angebotenen Gliederungen, sondern schafft und erfindet poetische Welten, die von der wirklichen angeregt und bedingt sind, jedoch nicht direkt mit ihr übereinstimmen" (SCH, 17). Poetische Welten "sind einseitig, extrem subjektiv, voller Widersprüche in sich, höchst unvollständig, mit einem Wort: Fantastereien. Und doch geben sie uns einen Schlüssel zur Welt, sogar zu Bereichen, bei denen andere Weltsichten - die wissenschaftliche etwa - noch versagen, noch nicht in der Lage sind, sie mit Aussagen zu erfassen" (SCH, 17). Darin eben sieht Hein die Aufgabe der Litertur, und daraus erklärt sich auch das Bedürfnis nach ihr. "Das ungelöste Rätsel ist,

so schlußfolgern wir daher, Sache der Kunst; das gelöste oder doch lösbar
gewordenen Rätsel ein wissenschaftlicher Forschungsbereich" (SCH, 18).
Deshalb: "Worüber man (noch) nicht reden kann, davon kann die Kunst ein
Lied singen" (SCH, 18f.). Die letzte wissenschaftliche "terra incognita" ist
für Hein der "Mensch und die menschliche Gemeinschaft. Hier kann die
Literatur mit den merkwürdigen Sonden der Fantasie und den Seismogra-
phen der Sprache forschen, erkunden, entdecken. Denn stets handelt es
sich in der Literatur um Entdeckungen, um das Sehen von bisher Ungese-
henem, um das Beschreiben des Ungenannten. Alles andere ist Makulatur"
(SCH, 19). "Das Benennen, das Schreiben ist noch nicht der verändernde
Zugriff auf die Welt, aber es ist die erste Voraussetzung aller Veränderun-
gen" (SCH, 19).

In "Öffentlich arbeiten" (AHQ, 161-64) verweist Hein darüber hinaus
auf die besondere Situation des deutschen Schriftstellers, in "einem Land
[zu] schreiben, dessen Grenze weiter reicht als eine Staatsgrenze anderswo,
nämlich bis an den Nerv der Gesellschaft und seiner Kultur" (AHQ, 162).
Er bedauert den Versuch seines Staates, die Auseinandersetzung mit der
Kultur des anderen deutschen Staates zu unterbinden. "Kultur ist immer
auch ein Auseinandersetzen mit anderen Kulturen, das Eigene ist nur mittels des Fremden zu entwickeln" (AHQ, 162). Eingeschränkte Öffentlichkeit ist keine Öffentlichkeit. Dasselbe gilt für eine "Öffentlichkeit für Aus-
erwählte" (AHQ, 163). Hein verdeutlicht diese DDR-spezifische Problematik am Beispiele des Fernsehens in der DDR: ein "Massenmedium ohne
Massen" (AHQ, 163).

In "Waldbruder Lenz" (AHQ, 136-160) fragt Hein nach der Verpflichtung der Kunst zum direkten gesellschaftlichen Engagement, eine Frage
also, die die sozialistische Ästhetik seit der Brecht-Lukács-Debatte (bzw.
den Auseinandersetzungen von Lukács, Adorno, Brecht, Benjamin und
Bloch) vor sich herträgt. Ist Kunst Sklavensprache? In bestimmten bedräng-
ten Zeiten, so gesteht Hein zu, muß sich auch die Kunst in den Dienst der
Unterdrückten stellen, muß sie Gegeninformation liefern. Damit hört sie
aber eigentlich bereits schon auf, Kunst zu sein, mag Politik produzieren,
schafft unter dem Gesichtspunkt der Poesie aber nur Makulatur, da sie
auch im Protest einer "Übereinkunft mit den Herrschenden" verpflichtet
bleibt (AHQ, 137). Ebendas, so wird er später auf dem X. Schriftstellerkongreß der DDR erklären, bezeichnet noch in den 80er Jahren ein zentrales
Problem der DDR-Literatur. Daß Literatur im Konzept politischer Gegeninformation aufgehen könnte, hält Hein für ein Mißverständnis. "Wie es

scheint, hat die Literatur von Zeit zu Zeit noch andere Aufgaben zu erfüllen, muß sie sich Angelegenheiten stellen, die nicht die ihren sind, muß sie in einem Feld behaupten, welches siegreich zu verlassen ihr keinen Gewinn bringt" (AHQ, 139). Andererseits ist Poesie auch nicht als Rückzug ins Private möglich. "Öffentlichkeit ist nicht allein ihr Adressat, sie ist ihre Vorbedingung" (AHQ, 140). In unmenschlichen Zeiten kann wohl das Kunsthandwerk, nicht aber die Poesie zur Waffe werden. In solchen Zeiten zieht sie sich zurück auf den Mythos. "Im Mythos konnte die Menschheit zu jeder Zeit ihre fantastischste Gabe aufbewahren, ihre Poesie" (AHQ, 141). Zur Kultur dagegen bedarf die Poesie

> jenes Minimums an Freiheit, das ein Bewußtwerden der eigenen Situation erlaubt und das Spiel mit jenem Freiraum der Fantasie, der sich über die wenigen kreatürlichen, doch drängenden Bedürfnisse erhebt. Die Vorahnung des Menschlichen. Kultur ist die öffentliche Alphabetisierung des menschlichen Geistes, eine Emanzipation also, der die Befreiung von der direkten, unverschämten, blutigen Unterdrückung vorhergehen muß (AHQ, 141f.).

Deshalb konstatiert Hein einen bisher unvermeidlichen Konflikt von Poesie und den Beamten der Macht, der dennoch (formal) auf einem bloßen Mißverständnis beruhe. Das Mißverständnis liegt bei der Macht, die den utopischen Gehalt von Poesie nicht anders denn als Angriff auf den Augenblick begreifen kann, als Sklavensprache also, als "angekündigte Insubordination" (AHQ, 143).

Wenn das Wesen der Poesie in der Erfindung der neuen Form besteht, die zeitgenössische Welthaltigkeit verbürgt, dann findet sie ihren Gegenpol in der Mode. Mode ist das nachhängende Bewußtsein, das beim "letzten Schrei der Zeit, dernier cri," das wohl gemachte Bett des Zeitgeschmacks trifft (AHQ, 156).[8]

> Die Stunde davor erlebten wir noch den tragisch endenden Weltverbesserer, die Stunde danach gehört ganz Don Quichotte; den Auftritt

---

[8] Dieser Modebegriff dürfte an Benjamins Auseinandersetzung mit der Mode anschließen, s. u. Im übrigen ist mit Mode hier wohl auch das anything goes des westlichen Intellektuellen-Marktes gemeint. Das Befremden, das Hein dem zynischen Bewußtsein des westlichen Kulturbetriebs entgegen bringt, hat er in voller Schärfe in einer Rezension von Sloterdijks *Kritik der zynischen Vernunft* zum Ausdruck gebracht: "Linker Kolonialismus oder Der Wille zum Feuilleton," in SCH, 183-200.

aber in der aktuellen Mitte der Gesellschaft hat allein die Mode. [...]
Die neue Erfindung verstört, wirkt befremdlich, ihre Wirkung stellt
sich erst mit der Wiederholung her. Der Beifall gehört dem da capo.
Die Geschichte ist der Fundus der Mode, die die Vergangenheit als
Klamottenkiste ihres Repertoires benutzt. Das Zitat ist keine Zutat
der Mode, sondern macht Substanz und Effekt aus (AHQ, 156f.).

Dennoch sind auch die 'neuen Erfindungen' der Kunst jeweils einer
Tradition verpflichtet, der sie sich zumindest implizit stellen. Hein verweist
an dieser Stelle auf drei Autoren. Noch heute bleibe der eigentliche Auf-
takt der deutschen Prosa weitgehend unbeachtet: Johann Peter Hebel.
Ähnliches gelte in bezug auf das Drama für Lenz. Lenz ist für Hein der
Entwerfer des "'kleinmalenden' Realismus", der nicht ohne Fallen sei, die in
seiner Nachfolge alle beschritten wurden:

Die Beschränkung auf Ausschnitte der Gesellschaft verengt das Bild,
auch das Weltbild. [...] Die Vereinfachung seines poetischen Engage-
ments einerseits erbrachte das Tendenzstück, die illustrierte These.
Die Bescheidung auf das Sittenstück unter Verzicht auf die gesellschaftliche Dimension andrerseits ergab das boulevardeske Kleine-
Leute-Theater, den Naturalismus des Kleinbürgertums, die Psycholo-
gisierung des Öffentlichen (AHQ, 159f.).

Erst zweihundert Jahre später findet Hein wiederum einen Dramatiker,
"dessen Poesie, Einvernahme von Welt und realistische, 'kleinmalende' Genauigkeit ihn an die Seite von Lenz setzen": Sean O'Casey (AHQ, 160).
"Lenz - ein Schatten nur einer ungesehenen Tradition" (AHQ, 160).

Besondere Aufmerksamkeit verdient ein Diskussionspapier, das Hein
auf dem X. Schriftstellerkongreß der DDR (1987) in der Arbeitsgruppe 'Literatur und Wirkung' vorgetragen hat. Hier wird seit überlanger Zeit endlich der Mut aufgebracht, im 'Klartext' zu sprechen und zwar über ein Thema, das (mit wenigen Ausnahmen) bislang allenfalls in Euphemismen wie
dem offiziellen des Genehmigungsverfahrens gestreift wurde: die Zensur in
der DDR. Ausgehend von einem Kantzitat zur Wirkung des Schönen und
Erhabenen (Kants Positionierung des Geschmacks) betont Hein die Empi-
rie des menschlichen Faktors in der Rezeption und Produktion von Literatur. Die Wirkung eines Buches sagt weniger aus über seinen Gegenstand als
über die Verfassung seines Lesers und damit der lesenden Gesellschaft.
Zugleich verrät ein Buch auch weit mehr von seinem Autor als von seinem
Gegenstand.

Literaten sind Exhibitionisten: es ist nicht möglich, zu schreiben und
sich bedeckt zu halten. [...] Um so erstaunlicher ist daher der leichtfer-
tige, arglose Umgang mit einem so argen Ding wie dem Buch, das

mitleidslos und durch die von ihm bewirkte Selbstentblößung überzeugend und unwiderlegbar seinen Leser denunziert.[9]
Der erste Abschnitt der Rede über den Umgang mit Literatur ist den Sitzgelegenheiten der Verleger in der DDR gewidmet. Die Verleger der DDR sitzen nicht auf Ladenhütern, sondern noch unbequemer auf Büchern "der laufenden Produktion" (LuW, 228). Heins Angriff richtet sich nicht auf die Verleger, für deren Kompetenz, "Verstand und Herz" er einsteht, sondern gegen die Zensur (ebd.). "Das Genehmigungsverfahren, die staatliche Aufsicht, kürzer und nicht weniger klar gesagt: die Zensur der Verlage und Bücher, der Verleger und Autoren ist überlebt, nutzlos, paradox, menschenfeindlich, volksfeindlich, ungesetzlich und strafbar" (ebd.). Die Begründung dieser Attribute im einzelnen endet in einem Plädoyer für die Abschaffung der Zensur, "um weiteren Schaden von unserer Kultur abzuwenden, um nicht unsere Öffentlichkeit und unsere Würde, unsere Gesellschaft und unseren Staat weiter zu schädigen" (LuW, 231).

Zensur gibt es nun nicht nur in der Literatur, und Hein entkräftet in einem ironischen Abschnitt - 'Ein Dank an die Presse' - einen weitverbreiteten Mythos: den der DDR als Lesegesellschaft. In der DDR wird nicht mehr als anderswo gelesen, behauptet er, aber es werden mehr Bücher gelesen. Die DDR sei kein Leseland wohl aber ein Buchleseland. Diesen Umstand haben die DDR-Autoren niemand anderem als der Presse, den Medien zu danken.

> Ihre Zurückhaltung in der Berichterstattung und der verläßliche Konsens ihrer Meinungen führte dazu, daß kaum ein Bürger unseres Landes mehr als ein paar Minuten sich mit ihnen zu beschäftigen hat. Der Leser wird durch Neuigkeiten nur für kurze Zeit abgelenkt und kann sich dann wieder unseren Büchern zuwenden, von denen er nicht nur Unterhaltung und Geschichten, sondern auch Neues und Wahres erhofft. [...] Wir Autoren haben also Grund, unserer Presse dankbar zu sein (LuW, 233).

Selbstverständlich betont Hein am Ende des Vortrags, daß dieser Zustand einer verhinderten Öffentlichkeit auch der Literatur und den Autoren letztlich schädlich ist, da man beiden eine zu hohe Bedeutung beimißt, sie mit Aufgaben belastet, die von ihrem eigentlichen Geschäft ablenken. Der "un-

---

[9] Christoph Hein, "Literatur und Wirkung." *X. Schriftstellerkongreß der DDR*. 2. Bd.: Arbeitsgruppen (Berlin, Weimar 1988), 226f. Hiernach im Text als LuW.

aufgeklärte Leser, der es sich in seiner selbstverschuldeten Unmündigkeit behaglich einrichtete, [benötigt] den Autor [...] als Chorführer und Mentor, als Unterschlupf und Obdach" (LuW, 244). Die Themenpalette dieses politisch einflußreichen Vortrags ist damit bei weitem nicht ausgeschöpft. Hein beklagt darüberhinaus erneut das Versagen der staatlichen Bühnen und die unhaltbare Situation von Dramatikern, fordert ein nichtstaatliches Mäzenatentum und die Abschaffung der Privilegien von Autoren, bzw. daß diese Privilegien (wie Auslandsreisen) allen Bürgern gewährt werden. Insgesamt plädiert Hein für eine Abkoppelung der Literatur und ihres Betriebs vom Staat, für die Entlastung von ihrer Rolle einer Ersatzöffentlichkeit und schließlich für eine Entthronung des Autors als privilegierter politischer Vorkämpfer. Es liegt auf der Hand, daß Hein mit diesem 'Klartext' die Literaturdiskussion der DDR auf eine neue, offenere Ebene gehoben hat, was sich bereits in der unmittelbar auf den Vortrag folgenden Diskussion zeigte. Seine Kritiker, vor allem Hermann Kant sahen sich sofort genötigt, diesem Text mit Unterstellungen zu begegnen, wie der, daß Hein die Verleger durch den Dreck gezogen habe (LuW, 275-279). Immerhin kann beobachtet werden, daß Hein und die Autoren, die sich ihm anschlossen, bereits in dieser Diskussion deutlich die Oberhand behielten.

Ich will diesen Themenkomplex mit einem Punkt schließen, der die Heinsche Kritik etwas näher an mein eigenes Projekt heranläßt. In der Rede vor dem Schriftstellerverband widmet Hein einen Abschnitt einem Problem, das er bereits vorher ausführlich durchleuchtet hatte: 'Das alte Lied: Literaturwissenschaft und Kritik'. Sicherlich ist hier von einer bestimmten Literaturwissenschaft die Rede, die sich u. a. als Ordnungsmacht der Literatur versteht, zahlreiche Ausführungen Heins sind aber auch über die Grenzen der DDR hinaus von Bedeutung.

> Kritikern ist, meiner Meinung nach, entgangen, daß sie ähnlich den Autoren willentlich oder auch unwillentlich vor allem von sich erzählen. [...] Die arroganteste, dümmlichste Kritik taugt immer noch als Offenbarungseid des Kritikers. Er erzählt in Inhalt und Stil vor allem über sich selbst. Kritiker haben, anders als Autoren, dies bisher nicht wahrhaben wollen (LuW, 236).

Wo sich die Kritik zeitgenössischer Literatur als Wissenschaft gebärdet, die sie ja eben nicht sein kann, da sie ihr Instrumentarium, ihre Regeln und Gesetze vergangenen Kunstperioden entnimmt, tritt sie in einen feindlichen Gegensatz zur Kunst. Heins Beobachtungen in diesem Bereich sind ein längeres Zitat wert:[10]

> Literatur und Literaturwissenschaft, zwei so verschiedene Dinge wie Schmetterling und Schmetterlingskunde. Letzteres manifestiert in den großen Glaskästen, in dem all die Tagfalter und Nachtschwärmer, das Pfauenauge und der Admiral wie auch der einfache Kohlweißling, von einer Nadel aufgespießt, verstauben und den trügerischen Eindruck erwecken sollen, sie, die Gekreuzigten, seien das lebendige, blutvolle Abbild der einstmals Lebenden. Welche empfindsame Seele verspürt nicht angesichts der Glaskästen mit den aufgespießten Nichtsnutzen von Schmetterlingen oder der grauen, vielräumigen Gebäude, in denen Litraturwissenschaftler zu Werke sind, einen leisen, schmerzlichen Nadelstich mitten durch sein Herz? Aber noch haben Sie uns nicht, noch haben Sie die Zeitgenossen nicht. Dafür fehlt vor allem anderen die Stecknadel, auf der diese neu geschlüpften Flattergeister aufzuspießen sind, die eiserne Klammer des Begriffs, die Ästhetik, mit der der Produktion der Zeitgenossen beizukommen ist. Denn alle Ästhetik - Sie werden's ungern hören - ist nur Ausfluß von Poesie, ist ihr nicht beabsichtigtes, nicht angestrebtes Ergebnis, ist die spätere wissenschaftliche Auf- und Zubereitung. Es gibt keine Ästhetik, die dem Produzenten von Literatur Richtlinien, Hilfestellungen oder Sicherheiten zu geben vermag. Produktion ist allein von gegenwärtiger Geschichte, der Jetztzeit, und der Fantasie, dem Bewußtsein und dem Interesse eines Individuums abhängig (AHQ, 170).

Man wird dieser Standortbestimmung der ästhetischen Theorie kaum widersprechen können. Meines Erachtens gilt sie für jede Epoche einer 'wissenschaftlichen' Ästhetik, die immer nur Beschreibung von literarischer Interaktionserfahrung, also bestenfalls Geschichtsschreibung sein kann und aus politischen Motiven so gern mehr sein möchte. Die Forderung, die Hein an den Kunstkritiker stellt, ist dieselbe, die er auch an die Kunst stellt: Zeitgenossenschaft. "Der Kunstwissenschaftler, der sich der Kunst seiner Zeitgenossen nähern will, hat nur eine Bedingung zu erfüllen, er selbst muß sich als Zeitgenosse begreifen, muß das Vermögen besitzen, seiner Zeit standzuhalten."[11] Bereits in der Preisrede auf den Heinrich-Mann Preisträ-

---

[10] Aus "Lorbeerwald und Kartoffelacker" (AhQ, 165-187).

[11] Christoph Hein, "Heinrich-Mann-Preis 1983," *Neue deutsche Literatur* Juli (1983): 162.

ger von 1983, Friedrich Dieckmann, der dieses Zitat entstammt, nutzte Hein die Gelegenheit, sich grundsätzlich und öffentlich mit der Funktion der gegenwärtigen Literaturkritik auseinanderzusetzen. Kunstwissenschaft, behauptet er, kann nur historisch sein.

> Eine Wissenschaft, die die Gegenwartskunst zu ihrem Gegenstand erklärt, ist immer in Gefahr, kunstfeindlich zu werden. Die Kunstwissenschaft kann die Kunst der Zeitgenossen registrieren, um das fortgesetzte Überschreiten und Umstürzen aller bisherigen Ästhetik wahrzunehmen; wo sie sich unterfängt zu urteilen und zu werten, bricht sie den Stab über sich selbst [...]. Ihre Aussagen - ob kritisch oder billigend, eloquent oder stilistisch erfreulich - werden beliebig und wissenschaftlich enthaltsam, sie werden falsch. Eine solche Wissenschaft kann sich dann noch politisch verstehen, in Wahrheit ist sie bereits Kunst- und Literaturpolitik. Und ihr Urteil ist dieser Funktion untergeordnet: sie kann den 'guten Geschmack' vertreten, der sich gewöhnlich von der Ästhetik eines vergangenen Jahrhunderts herleitet; oder den 'herrschenden Geschmack,' also Polizeiaufgaben übernehmen, die Zensur; oder den 'ästhetischen Geschmack,' was sie nötigt, Witterung aufzunehmen und auf die eingeschlagene Fährte zu setzen, als sei sie die Spur des Zeitgeists. In jedem Fall ist sie nicht mehr Wissenschaft, sondern muß mit Glaubenssätzen operieren (ebd. 160).

Hein zitiert darüber hinaus Benjamins "Kompanie von Söldnern," die in das Haus der Kunst einmarschiert, "weil es so günstig liegt und sich von ihm aus ein Brückenkopf oder eine Eisenbahnlinie beschießen läßt, deren Verteidigung im Bürgerkriege wichtig ist" (ebd. 161). Aus diesem Bewußtsein der politischen Beziehungen zwischen Kunst, Rezeptionsbedürfnissen, Kritik und Staat favorisiert Hein zu einem gewissen Grade die Kunst des Dilettanten, die sich "dem Publikum, dem Zwang zum Erfolg, verweigert" (ebd. 162).

> Das ist kein gefahrloses Verweigern, die Kosten sind nicht gering. Jedoch der nach Feierabend malende Zöllner, der nächtlich schreibende Kanzlist geraten, indem sie der Konfrontation mit dem Publikum ausweichen, nicht in Gefahr, das aufzugeben, was sie allein zum Kunstprodukt befähigt, nämlich sich selbst als Zeitgenossen (ebd. 162).

Seit und während der Ereignisse im Herbst '89 hat Hein sich verstärkt direkt politisch geäußert. Obwohl er weder Mitglied der SED noch einer der anderen alten oder neuen Parteien war und ist, wurde er in der nationalen wie internationalen politischen Berichterstattung der letzten Monate dennoch zu einem der meist zitierten Autoren der DDR. Ein einziges Zitat soll genügen, um die Konsequenz seiner politischen Einschätzung darzulegen: "Von Bürokratie, Demagogie, Bespitzelung, Machtmißbrauch, Entwürdigung und auch Verbrechen war und ist diese Gesellschaft gezeichnet."[12] Verwiesen sei schließlich auf eine Polemik mit dem Titel *Die fünfte Grundrechenart*.[13] Mit der fünften Grundrechenart findet Hein ein bestechendes Bild, das die verkommene ideologische Struktur von Staat und Gesellschaft der DDR in fast allen Bereichen auf einen so amüsanten wie traurigen Nenner bringt.

> Die fünfte Grundrechenart besteht darin, daß zuerst der Schlußstrich gezogen und das erforderliche und gewünschte Ergebnis darunter geschrieben wird. Das gibt dann einen festen Halt für die waghalsigen Operationen, die anschließend und über dem Schlußstrich erfolgen. Dort nämlich wird dann addiert und summiert, dividiert und abstrahiert, multipliziert und negiert, substrahiert und geschönt, groß- und kleingeschrieben nach Bedarf, wird die Wurzel gezogen und gelegentlich auch schlicht gelogen. [...] Anwendung findet diese Rechenkunst im Privaten wie im Volkswirtschaftlichen, und auch die Kunst kennt ihre Lehrlinge, Stümper und große Meister (ebd. 13).

Nicht zufällig betont Hein vor allem die Erfolge, die die Mathematiker der fünften Rechenart in der Geschichtsschreibung zu verzeichnen haben.

> In einer Geschichtsbetrachtung, die dieser Grundrechenart huldigt, wird mit Auslassungen, Vernachlässigungen und scholastischen Rösselsprüngen gearbeitet, es wird verschwiegen und geglättet, um aus dem Labyrinth der Geschichte möglichst fleckenlos und schnell zu jenem Ausgang in die Gegenwart zu gelangen, der dem gewünschten Selbstverständnis am nächsten kommt (ebd.).

---

[12] Zitiert nach *Die Zeit* 47 (Überseeausgabe vom 24.11.1989): 2. Hein gehörte dem unabhängigen Ausschuß zur Untersuchung von Korruption und Machtmißbrauch im Staats- und Parteiapparat an, einem Bürgerforum, das erstmals in der DDR versuchte, Politiker und Funktionäre öffentlich zur Verantwortung zu ziehen.

[13] *Die Zeit* 41 (Überseeausgabe vom 13.10.1989): 13f.

Drei frühe Dramen

Cromwell

Hein löst die hermeneutische Problematik der Aneignung historischer Welten für seine frühe Dramatik - in Übereinstimmung mit seiner Betonung der Zeitgenossenschaft von Kunst - weitgehend nach einer Seite hin auf. Alle gegenwärtige Dramatik ist Gegenwartsdramatik. Das gilt auch für das historische Drama und wohl auch für die historische Prosa, denkt man an einige Experimente in *Einladung zum Lever Bourgeois*.

> Stücke, die in der Gegenwart geschrieben werden, sind Gegenwartsstücke. [...] Ein Stück, das im Jahre 1978 geschrieben wird, äußert sich zu diesem Jahr (und möglicherweise mehr). Wenn der Stoff dabei in die Historie reicht, so ist dies ein Spezifikum des Genres Theater: Die Bühne arbeitet täglich mit Jahrtausenden, die Gestaltung eines Parteisekretärs kann den Hamlet nicht übergehen, Antigone ist theatergegenwärtig. Dramen- und theatergeschichtlich ist die Frage also ohne Belang. Korrekter zu fragen wäre also: Warum so viel Gegenwartsdramatik mit historischen Stoffen. Dafür gibt es viele Gründe und zusätzlich noch ein paar individuelle der einzelnen Autoren. Gebrannte Kinder erweisen sich halt als belehrbar (SCH, 177).[14]

Für seine eigenen historischen Dramen hat Hein diese Position etwas präzisiert. In den "Anmerkungen zu 'Cromwell'" (SCH, 173-76) heißt es:

> Unser Interesse an der englischen Revolution ist das Interesse an uns. Geschichtsbewußtsein ist egozentrisch: Man will seine Väter kennen, um sich zu erfahren. [...] Formal arbeitet *Cromwell* mit Brüchen, mit Anachronismen. Eine Aufsplitterung des Stoffes, der die Beziehung zur Historie - zumindest in der überkommen Bedeutung - ausschließt. Der radikale Eingriff in den Stoff vermag unsere Gegenwart im geschichtlichen Stoff zu produzieren, die Transparenz des Eingriffs ermöglicht unsere Kritik an der vorgezeigten Haltung (SCH, 173ff.).

Damit wird nicht nur die Geschichte selbst im poetischen Konstrukt (gerade aufgrund des Verzichts auf Historismus) aktualisierend hinterfragt, son-

---

[14] Christoph Hein, "Hamlet und der Parteisekretär" (SCH, 177-182).

dern mehr noch eine bestimmte Aneignung von Geschichte, ein "uns nicht unbekannter Vorgang: die Wirklichkeit nachträglich so weit zu verändern, daß man sie vorteilhaft interpretieren kann" (SCH, 175).[15] Das hat Konsequenzen für Heins Einschätzung der Erbediskussion in der DDR. "[...] wenn wir dieses Erbe nur bestaunen, feiern, einschreinen, vermarkten, werden wir vielleicht den juristischen Titel haben, aber nie die Sache selbst" (AHQ, 183). Wir wollen kurz nachzeichnen, wie sich Heins Alternativen konkret im *Cromwell* darstellen.

In entsprechender Kulisse inszeniert, dürfte dieses Stück zunächst den Eindruck eines historischen Schauspiels machen, wie es die Theatergeschichte aus vielen Jahrhunderten kennt. Der häufige Szenenwechsel - von der Bauernstube, über die Bierstube, dem Londoner Tower, dem Handelshaus, der Wandelhalle des Parlaments bis zum offenen Feld und den Quartieren und Feldlagern der Armee - erinnert etwa an die Shakespeare verpflichtete Szenentechnik des Sturm und Drang und verschafft dem historischen Blick ein hohes Maß an Multiperspektivität. Nahezu alle Schichten der britischen Insel kommen zu Wort, und die aus der Geschichtsschreibung bekannten Diskurse der historischen Klassenauseinandersetzungen werden auf eine reiche Personnage verteilt. In Brechtscher Manier wird die Wahrheit der stets arbeitend dargestellten Bauern evoziert: eine revolutionsideologisch geleugnete und von den Bauern notgedrungen mit Gelassenheit ertragene Wahrheit, die besagt, daß die Mühen ihrer Klasse die revolutionären Wirren überdauern werden, daß von erhöhten Kriegssteuern die Rede ist, wenn man von ihrer Befreiung spricht.

Cromwell selbst trägt nach Art des Kleistschen Kohlhaas' seine protestantische Arbeits- und Rechtsethik als alttestamentarisches Sendungsbewußtsein des strafenden und reinigenden Schwertes Gottes vor sich her. In schroffem Gegensatz zu diesem puritanischen Revolutionsbegriff diskutieren der Stadtadel und die Kaufleute mit taktischem Kalkül und unverhohlenem Zynismus, wie die Revolution zur Reformation der englischen Monarchie im Sinne ihrer Macht- und Geschäftsinteressen abgewandelt werden kann. Diese Polarität wirkt synthetisch und läßt die Wiederholung bekannter Kernsätze der sozialistischen Geschichtstheorie vermuten. Ohne Zweifel scheut sich Heins Drama nicht vor dem Eindruck, als habe es sich die

---

[15] Vgl. o. Heins Polemik "Die fünfte Grundrechenart."

redundante Aufgabe gestellt, bekannte historische Aussagen über die englische Revolution mit ebenso bekannten dramatischen Mitteln erneut in Szene zu setzen. So erweisen sich die Zyniker der Macht natürlich als die konterrevolutionären Sieger der Revolution, lassen Cromwell seine blutigen Kämpfe durchführen, um ihn am Ende wiederum durch die zurückgeholten, aber in ihre Schranken verwiesenen Stuarts auszutauschen. Ebenso selbstverständlich gibt es den bekannten Typ des Opportunisten der Macht, der seine Fahne nach der jeweils stärksten Windrichtung dreht. Und es fehlt auch nicht an den großen Idealisten, die im 17. Jahrhundert verwirklichen wollen, was das zwanzigste noch nicht erreicht hat, und dabei ebenfalls nur Werkzeuge im Dienst der ökonomischen Macht sind, mögen sie darüberhinaus als realitätsblinde Schlächter der alten Ordnung oder als idealistische Märtyrer auftreten. So scheint Heins historisches Schauspiel nicht mehr zu sein, als eine dramatische Illustration des Geschichtsbildes einer im wesentlichen sozialistischen Weltanschauung.

Doch dann überrascht das Stück mit merkwürdigen Sätzen, die diesem bewährten Muster eines analytischen historischen Schauspiels nach vorgefaßter Theorie die illusionäre Potenz zu nehmen drohen. Eine Weile mag der Zuschauer diese Signalsätze überhören, oder er mag sie als Übereifer des materialistisch geschulten Dramatikers in Kauf nehmen. Früher oder später werden sie aber auch beim letzten Zuschauer einen unangenehmen Beigeschmack am ansonsten so eingängig gestalteten Schauspiel der englischen Geschichte zurücklassen. Als sich abzeichnet, daß die Vertreibung des Königs, die Diktatur der Armee nachsichziehen wird, hört man z. B. von Cromwells Gefolgsmann Ireton: "Der Presse hau ich eins aufs Maul, sie werden künftig ihre Wetterberichte von uns gegenzeichnen lassen."[16] Wenig später kündigt Cromwell die Belohnung der Anführer der Bauernwehren mit folgenden Worten an: "Sei großzügig: Blech ist billig, ein Orden ist die wirtschaftlichste Währung eines Staates" (CW, 27). Der Zuschauer wird sich fragen müssen, was er von solchen penetranten und immer auch komischen Anachronismen zu halten hat. Auf der nächsten Seite verkündet Cromwell: "Ich weiß. Das Parlament und das internationale Kleinbürgertum" (CW, 28). Lilburne, der Führer der ultra-radikalen Gleichmacher,

16 Christoph Hein, *Cromwell und andere Stücke*. 2. Aufl. (Berlin, Weimar 1985), 17. Hiernach im Text als CW.

weiß wiederum Cromwell ebenso treffend einzuschätzen: "Dieser Kleinbürger Cromwell griff nach der Revolution wie die Landfräuleins nach den Whistkarten" (CW, 35f.). Wenn ein zentrales Klischee der Revolutionen des 20. Jahrhunderts wiederholt und so auffällig anachronistisch in die Diskurse einer Revolution des 17. Jahrhunderts eingeschleust wird, dann geht es offenbar um mehr als um komödiantische Seitenhiebe auf die eigene Zeit. In den Anachronismen wird der Anspruch augenfällig, daß in diesem Stück die historiographische Begrifflichkeit, der sich die schöne Illusion einer verstandenen Geschichtsperiode verdankt, selbst auf dem Prüfstein steht. Denn das Klischee der kleinbürgerlichen Ideologie, mit dem die verschiedensten Ideologen des Stückes den jeweiligen Gegner beschimpfen, paßt sich immer auffallend gut in die Situationen und Diskurse des historischen Schauspiels ein - so gut, daß dieses Vokabular letztlich auch seines zeitgenössischen Aussagewerts beraubt wird. Das materialistische Revolutionsschauspiel expliziert sein Geschichtsbild und stellt zugleich dessen ideologische Voraussetzungen in Frage.

Als weiteres Beispiel sei die revolutionäre Idee der radikalen Gleichmacher zitiert, mit der sie die Macht von Heeresleitung und Parlament brechen wollen:

> Compañeros! Ich schlage vor, wir, die Soldaten und Unteroffiziere der revolutionären Neuen Armee, konstituieren uns als souveräner Armeerat. Dieser Armeerat ist der Obersten Heeresleitung gleichgeordnet. Er setzt sich zusammen aus den von den Regimentern gewählten Agitatoren. [...] Der Armeerat setzt ferner umgehend eine außerordentliche Kommission ein zur Bekämpfung von Konterrevolution und Sabotage in den Streitkräften (CW, 36).

Auch Vorausblicke auf die Französische Revolution fehlen nicht. Ein Soldat: "Der König sagte, ich meine, der Bürger Karl Stuart sagte" (CW, 40). Cromwells Ansprache auf freiem Feld vor den Soldaten, bevor er sich das grüne Band der Gleichmacher an die Uniform heftet, beginnt mit den Sätzen: "Tief bewegt spreche ich in diesen Minuten zu euch, Soldaten der Revolution. Und von dieser improvisierten Tribüne herab, über die mangelhaften Lautsprecher will ich nur eins sagen" (CW, 43). Es folgt das Zitat der großen Hure aus dem Alten Testament, das den gerechten Krieg der Gottesstreiter evozieren soll, mit der Einleitung: "Denn es steht geschrieben [...]" (CW, 43). Die Frau des großen Kulturerneuerers Cromwell, der im Namen von Askese und Tugend gegen den sündigen Luxus und die 'dekadente Kunst' wütet und Künstler und Autoren in die Verbannung getrieben hat, freut sich vor dem Umzug nach London auf die "Auslagen, Spazierfahrten, literarischen Cafés!" (CW, 46) Natürlich enden die großen Kunstwerke am Ende in Cromwells Privatbesitz. "Gerettet! Zusammengerafft wie der billigste Nazi," kommentiert Spidernach, der Direktor der Ostindien-Company (CW, 61). Natürlich vergnügt sich der Wüter gegen die Wollust, der die Huren der irischen Armee erschlagen läßt, mit den Londoner Frauen. Natürlich schreien die Streiter wider den Müßiggang und den Luxus "nach einer königlichen Datscha" (CW, 62). Den Kritikern ihres Lebensstils hält Cromwells (dem Wodka verfallene) Frau wiederum entgegen: "Was seid ihr alles für Kleinbürger" (CW, 63). Der große proletarische Kommentator und Mauerschauer des Dramas, Cromwells Diener und ehemaliger Puppenspieler Ladybird, verkündet anläßlich der Enthauptung Karls I.: "Und nun der Kommentar: da wir keine Neger, Schwule oder Ausländer sind, geht uns ein von seinem Körper vereinzelter Kopf selbstverständlich zu Herzen" (CW, 60). Nachdem Cromwell die Gleichmacher wieder hat fallen lassen, werden die idealistischen Rebellen, die sich gegen seine Diktatur zur Erziehung des Volkes auflehnen, folgendermaßen hingerichtet.

> Noch in der Nacht werden sie in geschlossenen Güterwagen zur West-
> küste gefahren. Zehn Meilen vor der irischen See wird der Transport
> gestoppt. Die Wagontüren werden aufgerissen. Die überraschten Sol-
> daten versuchen auszusteigen. Sie werden von dreiundvierzig dort auf-
> gestellten Maschinengewehrabteilungen innerhalb von viereinhalb
> Minuten vollständig liquidiert (CW, 79).

Daß auch die revolutionäre Diktatur nichts anderes als eine Diktatur ist, kann diese Nazimetaphorik vor allem verdeutlichen.

Heins Technik gibt sich offen zu erkennen. Ein bekanntes und relativ zentrales Sinnkonstrukt sozialistischer Geschichtsschreibung wird an einzelnen Punkten mit penetranten, den ideologischen Gehalt des vorgeführten Geschichtsbegriffs übererfüllenden Anachronismen ad absurdum geführt. Der ästhetische Effekt dieser deplazierten Ideologisierung liegt zu allererst in ihrer Komik. Wenn die Komik auch eine Haltung sein mag, die am reinsten in der bloßen Negation und darum vielleicht entschiedensten Emanzipation von verfestigten Sinnkonstrukten verharren kann, so gilt es dennoch zu fragen, auf welche Revision des Revolutionsbegriffs diese komisch verzerrte Geschichtstypologie zielen könnte. Dabei ist zunächst festzuhalten, daß der Weg des Oliver Cromwell, wie Hein ihn gestaltet, materialistisch determiniert bleibt. Entsprechend wird auch seine Revolution auf konsequenteste Weise als eine Episode im Dienste der Macht vorgestellt, die in Heins paradigmatischer Inszenierung allerdings weniger historisches Handelskapital, sondern, und darin liegt dann doch eine innovative positive

Aussage des Stückes, Optimierung der Arbeit heißt. Der Gegensatz von idealistischem Freiheitsbegriff und materialistischer Revolutionsmechanik wird im Stück selbst poetologisch angesprochen. "Wer da meint, für Cromwell sei jetzt die Zeit für einen fröhlichen Umtrunk angebrochen oder daß sich gar seine verkrampften Stirnfalten zu einem Lächeln kräuseln, kennt sich nicht aus in der Physiognomie des tragischen Helden" (CW, 23). Daß gerade dieser Held als tragisches Werkzeug der politischen Umwälzung im Dienste der Arbeit Verwendung finden kann, liegt nicht nur in den Intrigen des Handelskapitals, sondern vor allem in seiner eigenen Ideologie, in seinem sich überpolitisch wähnenden Puritanismus begründet, der im Streit mit dem 'dekadenten' Katholizismus genau das fordert, was die englische Gesellschaft zur Vervollkommnung des Gesetzes der Arbeit braucht. "Wenn wir das Schwert aus der Hand legen, werden wir Landleute, Bauern und Tagelöhner zum Pflug greifen und die englische Erde in unserem Schweiß baden. Alle Faulheit, Sinneslust und Unzucht wegschwemmen, um einen prächtigen Gotteslohn zu ernten" (CW, 14). Diesem Auftrag gehört die Zukunft, und er bestimmt alle Koalitionen, jeden Verrat, den Zynismus der Macht und jede Taktik, auf die Cromwell erfolgreich verfällt, mögen seine einzelnen Schritte dabei auch noch so krass seiner (aus dem alten Testament) angelesenen Idee einer religiösen Revolution widersprechen. So kann Cromwell nicht bei der Vertreibung der maroden Stuarts stehen bleiben, sondern muß auch das Parlament, dessen Truppen er befehligt, außer Kraft setzen. Dieser Schritt erfordert die Koalition mit der wenig geliebten Partei der Gleichmacher, die ihn gewaltsam zum Protektor des Reiches machen. Der Kopf des Königs ist gefordert, soll die Revolution im Namen der Arbeit nicht im Ansatz stecken bleiben. "Ein Kornfeld, eine Schafherde, Webstühle und Kohlenminen und der Schweiß, der Schweiß. So soll England zur Rechten Gottes sitzen, dem gesamten Kontinent als ein leuchtendes Beispiel" (CW, 26). Der komische Kommentator Ladybird, dessen Mauerschau auch die Psychologie des Helden umfaßt, bringt es auf den Begriff: "Und wenn Oliver Cromwell sich nicht bald auf seine alttestamentarische Sendung besinnt und nach neuem Blut schreit, sitzt er und mit ihm das halbe Land auf dem Wall [auf dem sonst der Humpty Dumpty des Königs saß] und vor dem Fall" (CW, 23). Daran ändern auch Cromwells sich vermehrt einstellende Selbstzweifel, die religiösen Skrupel nichts. Wo das Gesetz Gottes untauglich wird, muß es verbessert werden. "Seit auf unserer Insel das Blut ein wenig reichlicher fließt, hält er [Gott] sich über England die Nase zu und schweigt sich aus. Diese luxuriösen Allüren lieb ich. Meint er denn, daß man seine Gerechtigkeit mit Pfaffengeschwätz unter die Leute kriegt!" (CW, 52)

Natürlich liebt der Revolutionär der Arbeit den Arbeitsstaat nicht, in dessen Dienst er steht. Hein scheut sich nicht, diesen Komplex mit deutlichen aktuellen Anspielungen und ökologischen Anachronismen anzusprechen.

> Manchester: Londons gelbe Nebel. Der gefürchtete Smog. Lord Protector. Eine Brühe aus Themsedunst und Industrie.
> Cromwell: Es ist zum Ersticken. man wagt nicht, ein Fenster aufzureißen. Wieso mutet man der Hauptstadt einen solchen Mief zu?
> Manchester: Es ist unumgänglich, Lord Protector. Der Fortschritt, die heilige Kuh. Die ausländische Konkurrenz wächst. Es sind die Worte: Die englische Revolution siegt nicht auf den Schlachtfeldern, sondern in der Fabrik; sie zählt nicht das Blut ihrer Erschlagenen, sondern den Schweiß aller Arbeitenden; sie erwehrt sich ihrer ausländischen Feinde nicht mit dem Schwert, sondern durch den gesteigerten Export britischer Produkte (CW, 66f.).

Das Gleichmachen ist nicht die optimalste Organisationsform der Arbeit, und so muß Cromwell auch die Gleichmacher und selbst seinen Schwiegersohn Ireton beseitigen, sobald die Diktatur über das Volk errichtet ist. Das Volk hungert und hat Interesse am Essen, nicht aber an der Arbeit. Cromwells machtpolitische Psychologie ist so logisch wie zynisch und aktuell.

> Ein Volk kann nicht begreifen, was es zu tun hat. [...] Wir, wir haben herauszufinden, was die Nation wünscht, was für eine Nation gut ist. [...] Nationen sind wie unverständige, kleine Kinder. Deshalb darf ein Vater nicht allzu freundlich sein. Unter einer leichten Hand wächst das Unkraut. Zu Männern erzieht man sie mit der Peitsche (CW, 55).

Oder:

> Henry Christophe schrieb mir, daß es besser sei, eine Nation mache ihre eigenen, unglücklichen Erfahrungen, als daß man sie zu ihrem Besten zwinge. Es sei besser, schreibt er, für die Nation und den Herrscher. Ich habe ihm geantwortet, daß ich erstaunt bin, diesen zweifellos hübschen Spruch ausgerechnet von ihm zu hören. Daß ich eher bereit sein werde, eine Diktatur zu errichten, als eine solch zynische Haltung meinem Land gegenüber einzunehmen (CW, 68).

So kann sich selbst der krasseste Zynimus noch zum Streiter wider den Zynismus aufschwingen. Lady Fairfax kommentiert: "Fasten und Arbeiten. Wir werden in Ihrem Land leben wie in einem Kloster" (CW, 71). An diesem zentralen Punkt macht sich die aktuelle politische Anspielung in einem kurzen Dialog selbständig, von dem einige Passagen zitiert werden sollen, um so etwas mehr von der bösen Komik zu vermitteln, mit der die Aporien der sozialistischen Geschichtsschreibung anachronistisch aufgebrochen und auf ein neues Moment organisiert werden, von dem das Drama behaupten kann, daß es damals wie heute den materialen Kern jeder Revolutionsideologie ausmache: das historische Gesetz zur Optimierung der Arbeit.

> Spidernach: So. Verschiedenenorts herrscht die Ansicht, daß es in diesem Land nie eine schlimmere Militärdiktatur gegeben habe als eben jetzt.
> Cromwell: Eine kranke Nation hat man zu kurieren.
> Spidernach: Offensichtlich mißfällt dem Volk Ihre Chirurgie. Bei Nacht und Nebel flieht man zu Tausenden auf den Kontinent. Selbst das arme Irland zieht man Ihrer Heilkur vor.
> Cromwell: Der Abschaum, ja. Ein Aderlaß, der England bekömmlich sein wird.
> Spidernach: Eine bemerkenswerte Ansicht. Nur, mir fehlen Arbeitskräfte. Kennen Sie die Flugblätter?
> Cromwell: Muten Sie mir zu, Pissoirparolen zu lesen?
> Spidernach: [...] *Er liest vor.* 'Der Grieche Sokrates sagt, es sei eigentümlich, daß ein Sauhirt nicht zugeben wolle, ein schlechter Sauhirt zu sein, wenn durch seine Schuld die Zahl seiner Säue vermindert werde. Freilich sei es viel eigentümlicher, sagt Sokrates, wenn ein Staatsmann, der beständig die Zahl seiner Bürger dezimiere, nicht zugeben wolle, ein schlechter Staatsmann zu sein.'
> Cromwell: Sie sind sehr kühn, mein Herr, und ich bewundere durchaus Ihren Witz. Das Fatale meiner Situation jedoch ist, daß ich mir nicht schlüssig werden kann, ob ich über Bürger herrsche oder Säue.
> Spidernach: Um so fleißiger sollten Sie die 'Pissoirparolen' studieren, die Volkspoesie der Neuzeit.
> Cromwell: Sind Sie ein Liebhaber solcher Verse?
> Spidernach: Ich bin Geschäftsmann und kann es mir nicht erlauben, die Wünsche meiner Kundschaft zu übergehen. Ganz England verlangt -
> Cromwell: Brot, ich weiß.
> Spidernach: Ja, Und dennoch hört man, daß die Bürger mehr als das Brot die Gewissensfreiheit vermissen.
> Cromwell: Herr, ich befasse mich nicht mit dem Gewissen irgendwelcher Leute. Wenn die Bürger unter Gewissensfreiheit allerdings die Freiheit verstehen, die Republik zu einer Zote zu machen und über mein Aufbauprogramm zu grinsen, als seis eine ihrer schlüpfrigen Zweideutigkeiten, werde ich mich meiner Verantwortung zu erinnern wissen (CW, 68ff.).

In dem Maße, wie Cromwells Totalkur des Volkes im Namen der Arbeit, sich der Arbeit selbst entgegenstellt, reifen die Pläne, seine Herrschaft durch die Rückkehr der Stuards zu beenden. Cromwell weiß um das Scheitern seiner Revolution, begreifen kann er es nicht. Die Schuld liegt beim Volk, bzw. bei der Sanftmütigkeit des Diktators. "Aber wenn ich gescheitert bin, Henry, dann nur weil ich eben kein Tiger war. Weil ich nicht grausam genug war. Weil ich zuwenig von ihnen verlangte. Sie wollen immerfort nur ausruhen" (CW, 88). Trost gewährt das Bewußtsein, auf jeden Fall Geschichte gemacht zu haben. "Und keiner der kleinen Kläffer wird es versäumen, meinen Grabstein zu bepinkeln. Das ist mein Triumph: daß sie *alle* kommen werden, daß *keiner* seine Pisse bei sich behalten kann" (CW, 88f.). Die Psychologie des tragischen Helden ist zugleich die Psychologie des Statthalters der Macht, der dem historischen Gesetz zur Optimierung der Arbeit nicht genügen konnte; oder die Geschichte des Scheiterns der Idee ist zugleich die Geschichte der gescheiterten Verstandesdiktatur im Namen der Arbeit. Solange der Cromwellsche Arbeitsstaat noch nicht in der Konsequenz eines George Orwell errichtet ist, gibt es noch einen anderen Grund, warum die Herrschaft der Idee der Praxis der Arbeit letztlich wieder zu weichen hat. Ladybird weiß ihn zu benennen:

> Na schön, wird man vielleicht einwenden, soll die Welt politisieren, wenns ihr Spaß macht. Worauf ich nur antworten kann: wo das Maulwerk regiert, das Handwerk verliert. Denn warum muß ausgerechnet mein Rücken sich krumm schuften? Weil diese Volksredner, Heilsprediger, Parteiideologen, Menschheitsbeglücker und alle übrigen Helden und Wohltäter der Nation zur Arbeit - schlicht und offen gesagt - zu faul sind (CW, 50).

Die Signale sind deutlich, das Gesetz der Arbeit, das Cromwell in der Sprache des alten Testaments vollstrecken wollte und dessentwegen er den Pflug aus der Hand legte und in den königlichen Palast einzog, ist auch das Gesetz der jüngsten Revolutionen. Erst in dem Sinn gehört die englische Revolution zur Tradition des puritanischen Arbeitsstaats, der sich sozialistisch und damit als etwas ganz anderes begreifen möchte. Und vielleicht haben die Revolutionäre des 17. Jahrhunderts in gewisser Weise doch recht, wenn sie sich gegenseitig als Kleinbürger beschimpfen.

Lassalle fragt Herrn Herbert nach Sonja.
Eine Szene ein Salon

Eine andere Möglichkeit historischer Dramatik erprobt Hein in den drei Akten seines Lassalle-Stückes. Provokativ bezeichnet er es in den mitgelieferten Anmerkungen (AHQ, 76-80) als "ein Stück Autobiographie" (AHQ, 76), als ein Stück aus der Geschichte des Intellektuellen in der deutschen Arbeiterbewegung, das die soziale und private Befindlichkeit des Autors noch heute betrifft. Im Hintergrund stehen die Erfahrungen des 17/18-jährigen im Nachkriegspolen, die Konfrontation mit der eigenen Eingebundenheit in das katastrophale Versagen der Arbeiterbewegung in der ersten Hälfte des 20. Jahrhunderts - gewachsen auf dem Boden einer widersprüchlichen Verstrickung deutsch-polnisch-jüdischer und bürgerlich-intellektueller Kultur mit proletarischem Anstrich. Was an dem Stück schließlich zähle, seien "ein paar Haltungen, die Transparenz des Individuums" (AHQ, 76): der Verlust des Individuums "hinter den Triebkräften der Gesellschaft, den Sachzwängen der Verwaltung, der allübergreifenden Bürokratie" (AHQ, 77). Im Lassallschen Salon, eine Kunstform des 19. Jahrhunderts, mit der das Stück spielt und der es mißtraut (vgl. AHQ, 76), in einer "offenliegenden, banalen Form" also, versucht es, "einen Kulminationspunkt eingehender und ausgehender deutscher Geschichte zu benennen" (AHQ, 77).

Das Drama ist in der Tat nicht einfach die Parodie einer überkommenen Form, sondern ein Experiment auf die Möglichkeiten der Parodie. In den Paradoxien eines Salon-Stückes revolutionärer Geschichte im großbürgerlichen Korsett jüdisch-intellektuellen Zuschnitts trifft die Form des Dramas das offiziöse DDR-Verständnis der historischen Person und Funktion Lassalles, versagt diesem Geschichtsbild aber die positiven Alternativen, das Aufzeigen der 'wahren' revolutionären Kräfte. Kandidaten aus anderen Gesellschaftsschichten, die dafür in Frage kommen könnten, finden im konzentrierten Rahmen des Stückes gleichwohl einen Platz: z. B. der proletarische Parteisekretär Vahlteich, dem Lassalle, ängstlich auf seine intellektuelle und bürokratische Führungsrolle in der Arbeiterbewegung bedacht, die Korrespondenz mit dem theoretisch überlegenen Exilanten Marx verübelt. Lassalle begreift sich auf einer Ebene so, wie ihn die Geschichtsschreibung begreift, als großen Rhetoriker, als Politiker der massenbewegenden Sprüche: "da braucht man ein paar einfache und einleuchtende Sätze, eine faßliche Quintessenz und etwas Feuer in der Rede, kurzum einen Lassalle und keinen Marx" (AHQ, 22). Die Massen freilich bleiben aus, und der 39-jährige Vorsitzende einer kleinen revolutionären Splitterpartei (von 1200 Mitgliedern) weiß auf einer zweiten Ebene, daß er politisch gescheitert ist, und bekennt in geistreichen Monologen sein Leiden an diesem Scheitern. Er weiß aber auch, daß er ohnehin von einem anderen Ehrgeiz getrieben wird, nämlich den intellektuellen Zirkeln, der bürgerlichen Presse und Öffentlichkeit zu imponieren. Und er weiß auch, daß er von diesem Ehrgeiz nicht mehr zu heilen ist. Er weiß, welches Spiel er spielt und auch, daß das Spiel für ihn längst kein Spiel mehr ist, sondern seine Biographie. Mit rührenden Worten bedrängt er seinen auf Sensibilität und das zynische Aushalten widerstreitender intellektueller Horizonte und innerer Antriebe so wenig geschulten Arbeitersekretär Vahlteich, ihn aus seiner Misere zu befreien.

> *Er legt einen Arm um Vahlteich.* Helfen Sie mir, helfen Sie mir hier heraus, Julius. Ich bin kein Zyniker, wie Sie glauben, ich bin lediglich ein wenig ratlos. Ich wollte mit der Revolution identisch werden, die proletarische Befreiung sollte meine eigene sein. Es ist mir nicht gelungen. Schade. [...] Lehren sie mich Ihre Hoffnung, Julius. Geben Sie mir etwas von Ihrem unerschütterlichen Glauben (AHQ, 33).

Gleichzeitig behandelt er den bereits entlassenen Sekretär wie einen Dienstboten, dem er nicht nur gern mit einem Parteiausschlußverfahren, sondern auch mit der Ordnungspolizei droht. Dennoch, Lassalles Selbstkritik umfaßt sogar, im Heinschen Maß und in Heinscher Terminologie, seine literarische Arbeit. "Alles übrige war Makulatur, all diese Schriften, Pamphlete, diese Erfolge, nichts als Dummheiten" (AHQ, 33). An die Stelle der Hoffnung ist ein verbissener Aktivismus getreten. "Das beste Mittel, Wilhelm, für die Wunden eines Mannes ist Arbeit, fieberhafte rasende, rasende fieberhafte Tätigkeit" (AHQ, 29). Darüber hinaus geht es um etwas anderes, das Lassalle auch benennt: "Sich nicht die Zeit gönnen zu empfinden" (AHQ, 29). Empfindungen könnte sein aktivistischer Agitationsbetrieb im Politischen wie im Privaten nicht verkraften: Ein "Hasardeur der Revolution" (AHQ, 32), dessen Politik und Privatleben in "revolutinonäre[r] Phraseologie" (AHQ, 29) erstarrt sind, die ihm gleichwohl erlaubt, seinen kindischen Ehrgeiz zu befriedigen und seine Minderwertigkeitsgefühle zurückzudrängen. Die zentrale Empfindung, der es auszuweichen gilt und in die das Drama Lassalle immer wieder auf komische Weise treibt, heißt Peinlichkeit. Die Existenz des Intellektuellen der Arbeiterbewegung ist in erster Linie peinlich. Peinlich ist jedes Gespräch mit den Arbeitern, peinlich ist die verzweifelte Behauptung eines großbürgerlichen Salons.

Verstanden wird Lassalle von der mit seinem abenteuerlichen Intellekt kokettierenden Gräfin Hatzfeld, von der er sich aushalten läßt, und die ihn bewundert, bedauert und fördert wie einen brillanten, aber verzogenen Sohn, der nicht erwachsen werden kann und soll. Eine andere Seite dieses Lassalle-Bildes vermittelt der kleinbürgerliche Schwager, der die Geschäfte des Vaters weiterführt und am längeren ökonomischen Hebel sitzt: in Heins Stück eine düstere Gestalt, die den Lassallschen Politikbegriff gleichwohl treffend zu karrikieren weiß. Einen weiteren Reibungspunkt aber auch eine Art Heimat, in der es keine Peinlichkeiten mehr zu geben brauchte, bietet der Diskurs der großbürgerlichen und links-intellektuellen Freunde, vor allem ihre den Alltag beherrschende zynische Rede über Frauen, Geld und Ruhm: eine im Stück nicht abreißende Rede, die überdeutlich die behagliche Verachtung wie Verteidigung dekadenter Lebensansprüche signalisiert - eine heitere Truppe, in der sich schon leben ließe, hätte man nicht auf das falsche Pferd, die Arbeiterbewegung, gesetzt. Letztlich macht aber gerade diese Widersprüchlichkeit den eigentlichen Reiz der intellektuellen Selbstanalyse aus. Denn Dekadenz genießt sich nur halb, wenn sie sich nicht als solche begreifen kann.

Lassalle versucht, das Proletariat, dem seine Arbeit gilt, aus seinem Hause zu halten, und doch ist es allgegenwärtig, vor allem als Ekel vor der eigenen, peinlichen Herkunft, konzentriert in der Figur einer bettnässenden Frau aus einfachsten jüdischen Verhältnissen, die sich Lassal schreibt: die Mutter, unter deren kruder Simplizität der Arbeiterführer leidet. Dieses Leiden an der eigenen Biographie, so ist zu vermuten, bezeichnet die eigentliche Ursache seiner intellektuellen Außenseiterkarriere, und der peinlichen Kinderstube verdankt sich u. a. ein groteskes Statussymbol, der Diener Herbert, der früher Bismarcks Haushalt führte. Bismarcks Butler sortiert die Post der Arbeiterpartei. Diese über Strecken vielleicht bestechendste Figur des Stückes steht als personifizierte großbürgerliche Etikette - mit deutscher Ordnungsliebe, seelischer Abgestumpftheit, dem selbstverständlichen Bündnis mit der geldgebenden Macht (im Augenblick also mit Lassalle, der penetrant als Herr Doktor tituliert wird) und vor allem mit der bösen Lust, das andere, konkret die alte Mutter, zu quälen, wo immer das möglich scheint, - für die eigentlichen Triebkräfte der deutschen Geschichte der kommenden Jahrzehnte. Dieser Figur ist Peinlichkeit fremd; was sie statt dessen kennt, ist Haß.

36

Auch Lassalle, so hat er zum Zeitpunkt des Stückes bereits erkannt, will eigentlich heraus aus seiner Peinlichkeit und damit aus seiner Existenz eines Arbeiterführers. Seine Wünsche richten sich auf das, was einem wie ihm verwehrt ist: die adligen Frauen, die er anhimmelt und derentwegen er schließlich konsequent im Duell stirbt. Abgerundet wird diese Psychologie von der berechnenden Verfügung über die Ladenmädchen, mit denen Lassalle ins Bett geht, und die im Gegensatz zu der exotischen, russichen Adligen, Sonja de Sontzeff, seiner Inszenierung eines romantischen, leidenschaftlichen und abenteuerlichen Großbürgers verfallen.

Obgleich Heins Lassallefigur in die Nähe einer Schablone für gegenwärtige Bürokraten der Arbeiterbewegung rückt, wäre zu überlegen, ob der historische Lassalle tatsächlich in diesem Modell ein Stück weit aufgehen könnte. Hein steht mit dieser These nicht allein. In der zweiten Fassung seines Lassalle-Romans von 1979 wird sie bereits von Stefan Heym vertreten.[17] Hein hat die Szenen, Figurenkonstellationen, Themen und selbst groteske Situationen seines Salonstücks aus eben diesem Roman geborgt. Andererseits realisiert sein Stück eine ganz andere Stimmung als der Roman. Gibt der Roman im Zusammenhang der DDR-Geschichtsschreibung ein sozusagen 'seriöses' historisches Interesse an der Geschichte der Arbeiterbewegung zu erkennen, das seine Bewertung des vorgestellten Lassallebildes an das offiziöse Geschichtsbild der DDR anbindet (wenn es auch zahlreiche Uminterpretationen im Detail gibt), indem seine Ästhetik Haltungen wie Moral, Hochachtung, Verachtung, Bedauern und ein gewisses Maß an Wehleidigkeit evoziert, so setzt Hein diese wertende Ästhetik weitgehend außer Kraft, indem er sein Stück allein auf den Witz und die Groteske, also auf die Provokation des vorausgesetzten Geschichtsbildes organisiert.

Um einige Beispiele zu geben: Da begegnet uns z. B. ein Lassalle, der sich nicht scheut emphatisch die Worte "uns Arbeiter" (AHQ, 25) in den Mund zu nehmen und der gleichzeitig keine Zeit findet, die Delegation der winzigen Berliner Ortsgruppe der Partei (18 Mitglieder) zu empfangen. Auf acht Uhr morgens bestellt, verschläft er ihren Besuch. Um 13 Uhr müssen sie wieder ausgeladen werden, da er einen equisiten Lunch bei von Bülow nicht verpassen will. Schließlich werden sie für 19 Uhr bestellt. "Aber nicht

---

[17] Stefan Heym, *Lassalle*. Zweite Fassung (Berlin 1979).

später. Daß mir das nicht in meine Gesellschaft hineinplatzt" (AHQ, 27). Natürlich wird auch diese Verabredung nicht eingehalten. Daß der Parteiführer um zehn noch im Bett liegt, weiß er wortreich mit der anstrengenden und aufopferungsvollen Arbeit an seiner revolutionären ökonomischen Schrift zu entschuldigen. Nur stellt sich bald heraus, daß er die ganze Nacht an einem Liebesbrief an Sonja gearbeitet hat. Politische Agitation überschneidet sich mit privater Überredungskunst. Der Liebesbrief wird zum Manuskript, der erhoffte Schwiegervater zum "Repräsentanten eines ausländischen Staates", mit dem der "Chef der deutschen proletarischen Partei" standesgemäß zu dinieren habe (AHQ, 27). Der Freund Rüstow, der seinerseits noch vom verblassenden Ruhm zehrt, unter Garibaldi gekämpft zu haben, bringt es auf den Begriff: "Du spielst in einem mondänen Salon den Chef einer proletarischen Partei. Die nicht existiert. Die Zeitungen erwähnen euch nicht. Herrgott, warum sollten sie? Was passiert denn durch euch? Herr von Bismarck hat dich zu einem Gespräch empfangen. Was ist das für ein Erfolg?" (AHQ, 28)

Grotesk zugespitzt auf eine Collage der Peinlichkeit sind auch die Szenen um Vahlteichs desillusionierende Teilnahme an Lassalles Abendgesellschaft, auf der alle Figuren des Stückes zu einem komischen tableau aufeinandertreffen. Lassalle ist gleich zweimal anwesend, als 39jährige Person und als Denkmal des jugendlichen Kämpfers, das die Gräfin hat anfertigen lassen und über das er auch mal stolpern darf (AHQ, 40). Im Verlauf dieses festlich arrangierten Diners will Lassalle seine Verlobung mit Sonja de Sontzeff bekannt geben, die dann freilich nicht kommt, da sie sich bereits auf der Flucht vor diesem Lassalleschen Salon befindet. Hier schlägt die Parodie zur bloßen Posse um, die Hein freilich zu brauchen scheint, um mit manchem, an dem Heym festhält, zu brechen, wenn nicht abzurechnen. Das gilt nicht zuletzt für die in Frage stehende Ästhetik. Vahlteich freut sich darauf, Schweitzer, den Verfasser publikumswirksamer proletarischer Romane kennenzulernen. Schweitzer zeigt sich beleidigt von diesem peinlichen Versuch, ihn an seiner Literatur zu messen:

> Das ist Agitation, mein Lieber, und Agitation muß nur eines sein: erfolgreich. Etwas Rührung, Liebe, eine mittelmäßige Moral, gängige Poesie, eine seichte Tiefe, das erwärmt das Herz und belebt die dünne Fantasie der Leute. Dazu die Parteithesen, hübsch garniert, das ist alles. Um Himmels willen keine Kunst, das macht keinen Effekt. [...]
> VAHLTEICH Wissen Sie, daß wir die Arbeiter auffordern, Ihren Roman zu lesen?

SCHWEITZER Ja, auf daß es mir gut gehe und die Partei Zulauf erhält. In den nächsten Tagen liefert mein Verlag den dritten Teil der 'Lucinde' aus. Ich werde Ihnen ein Dedikationsexemplar zukommen lassen. [...]
LASSALLE Herrgott, Vahlteich, daß von Schweitzer nicht Richard Wagner ist, weiß er selber. Aber dennoch diese Arbeit auf sich zu nehmen, mit so wenig Talent im literarischen Feld anzutreten, wenn die Partei ruft, das nenne ich klassenbewußt. Und es ist besser, als Bomben zu werfen, wozu Jean in den früheren Jahren einige Neigung vorwies. Die anarchistischen Bestrebungen unseres Patriziersohns in literarische zu verwandeln, ist ein Akt der Zivilisierung (AHQ, 54f.).

Der proletarische Roman als zivilisierte Form eines Bomben werfenden Terrorismus. Desillusioniert und aufgebracht setzt der Proletarier Vahlteich zur großen Abrechnungsrede mit den intellektuellen Salonlöwen an, aber natürlich fehlen ihm die Worte.

Neben der erheiternden Posse, die die Literatur- und Kulturpolitik der Arbeiterbewegung in ihrem Kern zu treffen versucht, behauptet sich in diesen Szenen ein nicht minder erheiternder Rekurs auf die sentimentalen Haltungen, die noch Heyms Roman in Teilen auszeichnen. Das Ladenmädchen Marie z. B. führt die Komik des Verdikts vom falschen proletarischen Bewußtsein vor. Sie träumt noch wie eine Miß Sara Sampson bzw. wie ihre Nachfolgerinnen im bürgerlichen Trauerspiel des Sturm und Drang - oder was davon etwa in Prutz' Romanen überlebt haben mag. Fast möchte man in Vahlteichs biedere Herzensnot einstimmen: "Aber warum nur, Marie, warum? Ich kann Sie nicht verstehen. Ich bin zu dumm oder zu unerfahren, ich begreif Sie nicht. Und Sie tun mir leid" (AHQ, 16). Das wiederum ist nun sehr wohl zu verstehen, denn mit Vahlteichs Parteiparolen ist Maries Situation in der Tat nicht zu begreifen. "Man beutet Sie aus. [...] Es gibt ein Gewerbegesetz. [...] Dann gehen wir in die Fabrik. Keine Widerrede, Marie. In die Fabrik. Da macht man sich die Hände schmutzig, ja, aber die Arbeit ist sauber. Sauberer jedenfalls als bei diesem alten Ladenschwengel" (AHQ, 13). Die Parteiideologie als Erfüllungsgehilfe der Proletarisierungsinteressen der Industrie.

Geradezu bösartig zugespitzt ist der große Bekenntnismonolog Lassalles, in dem es u. a. heißt:

Ja, wenn man Macht hätte. Ohne Macht läßt sich nichts machen. Das bleibt Schnickschnack, dafür bin ich zu alt. Überhaupt, das Revolutionsspielen mit den Arbeitern führt zu nichts. Das weckt nur ihre schlimmsten Appetite, macht sie denunziatorisch, borniert und hält sie letztlich nur von der Arbeit ab. [...] Ich habe einige Leidenschaft gezeigt, die nicht meine war. Ich habe den Clown gespielt, um an meine Arbeit glauben zu können. [...] Was ich von der Welt wollte, war, ein paar Frauen, und es sind nicht viele, zu vögeln. Der Rest sind Masken, um die Langeweile durchzustehen. Aber ich bin nicht mehr gewillt, mich zu disziplinieren. Ich bin mir zu wichtig. Und zu wichtig sind mir die Frauen und ihre magere Vertraulichkeit und meine Trauer nach dem Beischlaf, die zu genießen ich lernte (AHQ, 63).

Was am Schluß nach Lassalles hier nicht länger tragi-komischem, sondern nur noch komischem Tod bleibt, ist natürlich der Erfolg des geschäftstüchtigen Schwagers und des ordnungsliebenden, haßerfüllten, den schlauen Kompromiß mit der Macht suchenden, deutschen Dieners, die sich um die Beute kabbeln. Wenn es in diesem Drama um 'Haltungen' geht, die geschichtsträchtig geworden sind, dann muß sich der Zuschauer im Dritten Akt angesichts dieser beiden Erfolgsmenschen, die keine Peinlichkeit kennen und entsprechend ihre Interessen ohne Skrupel durchsetzen, fragen, ob nicht gerade in der Peinlichkeit der widersprüchlichen Existenz eines Lassalle eine Hoffnung gelegen haben mag, die mit seinem Tod aus der deutschen Geschichte verschwunden ist. Vom weiteren Schicksal der Arbeiterbewegung des 19. Jahrhunderts erfährt der Zuschauer nichts, und eben darum sieht er sich unmittelbar an ihre Gegenwart verwiesen, also an das Vermögen des Dramas, der intellektuellen und politischen Elite des Arbeiterstaats einen historischen Spiegel vorzuhalten. Vielleicht ist es der Verlust der Peinlichkeit, der den qualitativen Umschlag einer weiterhin bis zum Paradoxen widersprüchlichen Politik bezeichnet: Jetzt haben sich die Geschäftemacher und Diener zu Führern der Arbeiterbewegung aufgeschwungen.

Die These, die Heins Stück vor dem Hintergrund der DDR-Bühne in ungewohnter Radikalität aufstellt, kann nur lauten, daß letztlich das Persönliche das Politische ist, das den Wechsel der Systeme und Ideologien überdauert. Das Persönliche des Intellektuellen aber behauptet sich in der Vermittlung des nicht Zuvermittelnden, sein Arbeitsfeld ist die Bürokratie. Schlimm wird es, wenn ihm das nicht länger peinlich ist. In seinem Aufsatz über die tragische Idee des 'Franz von Sickingen' faßt der historische Lassalle die Problematik von Intellekt und Masse, in die er sich verstrickt sah, als ein Auseinanderfallen von großer historischer, aber spekulativer Idee und tagespolitischer Klugheit, für die Hein heute der Begriff der sozialistischen Bürokratie zur Verfügung steht.

Die meisten Revolutionen, die gescheitert sind, sind - jeder wahrhafte Geschichtskenner wird dies zugeben müssen - an dieser Klugheit ge-

40

scheitert, oder mindestens alle sind gescheitert, die sich auf diese Klugheit gelegt haben. [...] Gerade der Mangel an Bildung, der den Massen innewohnt, bewahrt sie vor dem Geschmack an diplomatischen Vermittlungen, bewahrt sie vor der Klippe des klugverständigen Verfahrens. Übrigens liegt in dem Gesagten bereits die wirkliche Auflösung und die innere Notwendigkeit jenes dialektischen Widerspruchs zwischen dem unendlichen Zweck der Idee und der endlichen Klugheit der Vermittlung.[18]

Es ist u. a. diese hegelianische Versöhnungsutopie, die Heins Stück provozierend angreifen kann. Dennoch kann Lassalle seinerseits bereits Teile von Heins Kritik am intellektuell geführten Klassenkampf vorwegnehmen.

Der Zweck muß im Mittel selbst schon ausgeführt und verwirklicht sein, und letzteres seine Natur an sich tragen, wenn er durch das Mittel erreicht werden können soll [...]. Daher kann jeder Zweck nur durch das seiner inneren Natur Entsprechende, und darum also können revolutionäre Zwecke nicht durch diplomatische Mittel erreicht werden. [...] Es muß also zuletzt kommen, daß solche Revolutionsrechner, statt die getäuschten Feinde nicht vor sich und die Freunde hinter sich zu haben, zuletzt umgekehrt die Feinde vor sich und Anhänger ihres Prinzips nicht hinter sich haben. Der scheinbar höchste Verstand hat sich so in der Tat als höchster Unverstand erwiesen.[19]

Kann aber der Intellektuelle der Revolution je etwas anderes als ein politischer Revolutionsrechner sein, das wäre die Frage, die Heins Stück diesen prophetischen Worten hinzuzufügen vermag.

[18] Ferdinand Lassalle, *Gesammelte Reden und Schriften.* Bd. 1. Hg. Eduard Bernstein (Berlin 1919), 139.

[19] Ebd. 140f. Lassalles Analyse wie Heins Drama müssen darüber hinaus im Zusammenhang mit Marx' Kritik an Lassalles *Franz von Sickingen* gelesen werden. Vgl. Karl Marx und Friedrich Engels, *Über Kunst und Literatur.* Hg. Manfred Kliem (Frankfurt, Wien 1968), Bd. 1, S. 179-181. Wenn Marx darauf insistiert, daß die Revolutionäre des Dramas nicht aus subjektiven Gründen, sondern aus objektiv reaktionären Klasseninteressen scheitern, so führt Hein diesen Gedanken dahingehend weiter, daß die subjektiven Interessen der Revolutions-Intellektuellen nichts anderes als Klasseninteressen sind, die notwendig an den Zielen einer proletarischen Revolution vorbeiführen. Damit ist nicht nur Lassalles sondern auch Marx' Ideologem einer revolutionären Arbeiterpartei unter der Führung der Intelligenz im Kern getroffen.

Schlötel oder Was solls

Der DDR-Band *Cromwell und andere Stücke,* der den Erstdruck von *Schlötel oder Was solls* enthält, ist mit einem informativen Nachwort von Rudolf Münz versehen (CW, 309-331). Darin findet sich eine These, die überraschen muß. Münz versichert uns, daß es sich bei Heins *Schlötel* (wie auch bei Brauns *Kipper,* Müllers *Bau* und Hacks *Tassow*) um kein Produktionsstück handele. "Denn wäre es dies, bliebe sein 'Schluß' unbefriedigend, sinnlos ja absurd: Das gescheiterte Individuum geht ins Wasser, während die Gesellschaft seine Pläne realisiert" (CW, 310). Statt dessen spricht Münz von einer Komödie über die verfrühte "Diktatur des Verstandes" (ebd.). Hein reagiere "in sehr bezeichnender Weise auf die Thematik des 'langen Vorgriffs'" und kritisiere "das Ideal als verfrüht, ohne es in Frage zu stellen oder aufzugeben" (CW, 311f.). Münz verweist damit auf eine Kernfrage der industrialisierten Vernunft, der sich nicht zuletzt die Plan-Ökonomien der sozialistischen Staaten hätten stellen müssen, der sich in den 60er und 70er Jahren aber lediglich eine in diesen Staaten erfundene und schon bald nur widerwillig geduldete Kunstform stellte: die Produktionsliteratur. Heins Drama ist also ohne Frage und notwendig ein Produktionsstück, und der absurde Schluß, an dem Münz sich stößt, ist die weitgehend genretypische Antwort auf die von Münz selbst herausgearbeitete Frage. Die 'Diktatur des Verstandes' wird 'in Frage gestellt', 'aufgeben' ließ sie sich freilich in der Tat nicht, zumindest nicht in der dargestellten Phase des Neuen Ökonomischen Systems.

In einem anderen Punkt ist Münz ohne Vorbehalt zuzustimmen: Das Drama aus der sozialistischen Produktion ist eine Komödie, freilich nicht aufgrund der vergleichsweise harmlosen Probleme der Ungleichzeitigkeit, sondern aufgrund eines anderen Dilemmas, an dem die sozialistische Diktatur des Verstandes leidet. Denn der Verstand selbst muß sich in bezug auf seine diktatorischen Wünsche als gespalten erfahren, reibt sich (auf der Bühne durchaus komisch) an seinem eigenen Antagonismus von ideologischer und ökonomischer Vernunft. Der Anspruch, den Sozialismus jetzt und hier zu verwirklichen, bedingt das Ideologem, das Neue Ökonomische System mit sozialistischer Demokratie, gesellschaftlich sinnvolle Produktivitätssteigerung mit gleichzeitiger Verwirklichung der Persönlichkeit in und durch Arbeit zu vereinen. Man hat sich lange Zeit der Hoffnung hingegeben, daß die sozialistische Vernunft als konkrete Utopie die Möglichkeit berge, die Rationalität der Industrie an die Ansprüche ihrer Charaktermasken auf unentfremdete Arbeit rückzubinden. Heins Stück dagegen verweist auf eine Entfremdung des Verstandes selbst, die sich aus den beiden ihm (zur Diktatur) notwendigen Ansprüchen ergibt. Um es vorweg zu sagen, Hein bietet für diesen Verstand keine Alternative. Was ihm im Drama entgegensteht an familialen und privaten Arrangements des alltäglichen Überlebens mag anklagend auf die Gewalt des diktatorischen Verstandes verweisen und auf das Leiden an ihm, eine humane, zukunftsträchtige Perspektive können ihm Kaninchenzucht, Butterkremtorte und Zweierbeziehung kaum entgegensetzen. So bleibt das, was mittels des Verstandes zu erreichen ist und doch zugleich von ihm zerstört wird, bis auf weiteres nichts als eine Leerstelle, die sich der Benennung (zumindest durch die ideologisch dafür vorgesehenen Begriffe) notwendig entzieht. Vielleicht handelt es sich aber doch um mehr als um eine noch zu besetzende Leerstelle, vielleicht handelt es sich um nichts als eine Schimäre, die das Glück und Unglück des einzelnen z. B. im Namen einer politischen Perspektive ideologisch verfügbar macht, vielleicht handelt es sich um ein Märchen ohne reale Utopie. Heins Drama geht diesen Schritt nicht, immerhin läßt es diese Frage zu.

In einer Beziehung zitiert Münz falsch. Denn die Gesellschaft, oder das System, das diesen Namen usurpiert hat, realisiert nicht Schlötels Pläne zur Produktionssteigerung, sondern seine eigenen, irgendwo im Dunkeln des Macht- und Planungsapparats vorgegebenen Richtlinien, und zwar von oben und darum gegen den blauäugigen Ingenieur, der 'zur Bewährung' aus der Forschung ins Kombinat versetzt wurde. Gerade weil die durchgesetzten Maßnahmen durchaus Schlötels eigener ideeller Einsicht entsprechen, kann das Drama herausarbeiten, daß die zum Zentralismus verkürzte 'Zentralistische Demokratie' auf diese Einsicht verzichten muß. Zustimmung oder Ablehnung betreffen zwar Fragen der Taktik, liegen aber zugleich notwendig außerhalb der Weltanschauung der Planung. Das nicht zu begreifen, macht den Idealisten des sozialistischen Verstandes zum Helden einer paradoxen, Don Quijoteschen Tragikomik - ein Held, der hirnwütig einer Idee von der sozialistischen Gesellschaft verfallen ist, die in der Realität dieser Gesellschaft ganz anders eingesetzt wird, als die Vernunft zu gebieten scheint.

Das Auseinanderklaffen von Ideologie und Realität, von ideologischer Zielsetzung und realer Zielsetzung im Bereich der Produktionsplanung und Produktivitätssteigerung bestimmt den äußeren Konflikt dieses

Stückes. Darin unterscheidet sich Heins Drama kaum von den kritischen Produktionsstücken eines Müller, Braun oder selbst eines frühen Hacks. Interessant ist die Frage, ob die paradoxe Form, in der Hein diesen Konflikt darstellt, sich von den bekannten Versöhnungsmodellen emanzipiert (wie man das an Müllers Drama beobachten mag), oder ob sie Raum bietet für die Konstruktion sogenannter nicht-antagonistischer Widersprüche, wie die Kulturpolitik der DDR sie fordert. Eine erste Antwort auf den ästhetischen Anspruch des Dramas könnte darin liegen, daß ihm das Verdienst zukommt, die leidige, kulturpolitisch aber äußerst brisante Grenzlinie von antagonistischem und nicht-antagonistischem Widerspruch selbst zum Thema gemacht zu haben.[20] Denn Heins Stück zeigt, daß dieser Maßstab, den die Kulturpolitik sich für ihre Schnittmuster geschaffen hat, von der Realität hilflos überfordert ist.

Der im Stück thematisierte Objektlohn wird von oben über den Parteisekretär Netzker dem Brigade-Meister Kantwerk angetragen, weil man sich von ihm erhoffen kann, daß er Wege findet, den Parteibeschluß von den Arbeitern selbst, als Initiative der Basis, formulieren zu lassen. Denn das ist eine unabdingbare Forderung der Ideologie. Diese alltägliche ideologische Augenwischerei wird im konkreten Einzelfall entdeckt und provoziert einen kleinen Skandal, der am Ende dem Parteisekretär eine "selbst geforderte" Rüge einhandelt. Ästhetisch interessant ist diese Fabel, soweit sie in den subjektiven Weltbildern der Antagonisten in immer neuen Horizonten und unter vielfältigen Umwertungen reflektiert ist. Zumindest einige Arbeiter der Brigade leben in bezug auf ihre politische Potenz und soziale Sensibilität bereits (oder noch) in einem anderen Staat als dem, in dem sie konkret arbeiten.

---

[20] Eine grundsätzliche Diskussion zur verstümmelten Dialektik des Ideologems 'Nicht-antagonistischer Widerspruch' und seiner Bedeutung für die Dramen des sozialistischen Aufbaus, deren Neuerer stets solche nicht-antagonistischen Widersprüche zu bewältigen haben, bietet bereits Wolfgang Schivelbusch, *Sozialistisches Drama nach Brecht. Drei Modelle: Peter Hacks - Heiner Müller - Hartmut Lange* (Darmstadt, Neuwied 1974), 39-44. Hein unterscheidet sich gerade in der Behandlung dieses Punktes von vornherein von Dramatikern, die wie Volker Braun bis in die achtziger Jahre verbissen am Aufbau-Drama festhalten.

Zunächst unberührt von diesen politisch-historischen Figurationen bleibt die Frage nach der ökonomischen Funktionalität des Objektlohns. Er wäre zwar ein geeignetes Mittel, die Arbeiter unter höheren Leistungsdruck zu setzen, aber dessen bedarf es aus Sicht der Arbeiter gar nicht, wie wir bereits in der ersten Szene erfahren. Denn die Probleme der Produktion liegen nicht in der Arbeitsmoral, sondern in der Arbeits- und Materialorganisation, von der die Arbeiter gerade ausgeschlossen sind. Dennoch könnte der Objektlohn funktionieren, würde er die Arbeiter doch zwingen, ihr Recht auf kompetentere Verwaltung ihrer Arbeit aggressiver einzuklagen. Darauf läuft zumindest Schlötels Überlegung hinaus, wenn er hofft, daß der Objektlohn der verhaßten Kleinbürgermentalität eines Volkes von 'Staatsangestellten' einen Riegel vorschieben könnte. Darum aber, so erweist sich, kann es weder den Arbeitern selbst noch dem Apparat letztlich gehen. Beide Gruppen wollen sich um die selbst im ökonomischen Chaos noch gewährleistete sichere Behäbigkeit ihrer Lebensweise nicht betrügen lassen. Revolutionäre Umwälzungen sind anstrengend und unangenehm nicht nur für das System und dessen personelle Struktur, sondern auch für den gemächlichen Trott des Alltags, für den etablierten Rhytmus privater Beziehungen. Das ist es letztlich, was Schlötel nicht begreift, und was ihm der entmachtete Altgenosse Archipenko mit einigem Zynismus vorhält. Nun hat der Zyniker in der DDR Dramatik allenfalls bei Heiner Müller recht. Bei Hein bleibt diese Frage offen und vielleicht zurecht. Denn auch das beliebte Begriffspaar von Zynismus und Idealismus ist letztlich zur ideologischen Krücke verschleierter Machtpolitik verkommen. Muß der (wissenschaftlich-soziologisch) geschulte Idealist notwendig scheitern, so ist der Zynismus des alten Kämpfers Ausdruck des selbstgerechten Leidens an der vermeintlichen Unmöglichkeit zur Veränderung.

Das könnte nun ganz nach dem üblichen Plädoyer zur Veränderung in kleinen Schritten aussehen. Aber Hein verweigert auch dies, indem er darauf beharrt, daß es hier im Kleinen ums Ganze gehe, daß die Struktur des Demokratischen Zentralismus selbst zur Debatte stehe. Freilich fehlt dem Stück die abstrakte Ebene, die diesen Komplex theoretisch aufarbeiten könnte, weil ihm selbst unter den vorgeführten Soziologen die Menschen fehlen, die sich auf eine solche Diskussion einlassen würden. Es stehen immer nur konkrete historische Ausprägungen der politischen Struktur zur Debatte. Damit droht dem Drama (wie vielen Produktionsstücken) selbst die Gefahr eines fingerzeigenden Aktualismus', der konkrete, schnell überholte Mängel aus utopischer oder zynischer Perspektive aufzeigt.

Münz' Hinweis auf die rezeptive Möglichkeit einer 'absurden Lösung' deutet aber bereits an, daß Hein nicht dabei stehen bleibt, daß es ihm gelingt, in den konkreten Widersprüchen einen grundsätzlichen Antagonismus durchscheinen zu lassen, ohne diesen vorschnell als neuen Klassengegensatz, als Dichotomie von demokratiebesessenem Volk und bürokratisch zentralistischer Verwaltung, oder was sonst an gesellschaftswissenschaftlichen Begriffen parat stehen mag, festlegen zu müssen. Die Kunst soll in ihrem Erkenntnisinteresse über das, was die Wissenschaft ohnehin schon kennt, hinausführen, so lautet Heins poetologische Forderung. Hier erprobt er diesen Anspruch am Ideologem des 'nicht-antagonistischen Widerspruchs'.

Dessen Überführung gelingt, indem die konkret thematisierten Konflikte von einer Vielzahl von Perspektiven her betrachtet werden, deren dialogisches Aufeinandertreffen häufig nicht ohne die Komik der Kommunikationsstörung bleibt. Man redet aneinander vorbei, so daß jeder Widerspruch schon von daher folgenlos bleiben kann, nicht einmal bemerkt werden muß. Denn die handelnden Subjekte der auf der Bühne konstruierten DDR-Gesellschaft leben nicht in einer Welt, sondern in vielen Welten, die natürlich eng an ihre Stellung im Produktionsprozeß geknüpft bleiben. Dabei zeigt sich deutlich, daß aus der Sicht der jeweils Betroffenen jeder Widerspruch als antagonistisch aufgefaßt wird. Die Konstruktion nicht-antagonistischer Widersprüche gehört ins Reich der Ideologie, die nicht mit realer Geschichte und realen Schicksalen (also nicht mit den subjektiven Welten der handelnden Charaktere) rechnet, sondern mit ideologisch-historischen Konstrukten und gesellschaftlichen Bauplänen, die fatal an die Bau- und Organisationspläne des Verwaltungshochhauses erinnern, das im Stück errichtet werden soll.

Für Professor Merzler, Schlötels Vorgesetzten am soziologischen Institut, der in der ersten Szene beim kindischen Ehrgeiz auf dem Schießstand der GST gezeigt wird, z. B. formuliert sich der Ärger mit dem "überspannt[en]" Zögling, der glaubte, die am Institut verwalteten Theorien in Realität umsetzen zu können, und "revolutionäre Ideen ausbrütete," folgendermaßen: "Was für Menschen. Man sollte Romane draus schneiden, aber keine Mitarbeiter" (CW, 170). Die Kehrseite derselben Sicht wird von seinen Widersachern, dem Hausmeisterehepaar Ringling vertreten, das altersbedingt von vergangenen Formen menschlicher Umgangsweisen zehrt. "Du holst ihn her, den jungen Schlötel. Er wird doch kein Untier sein, daß ihn der Ringling nicht grad biegen kann! Wärs mir doch fast bei dir gelungen"

(CW, 200). Für den Parteisekretär Netzker liegt das Übel der katastrophalen Produktion in den ökonomischen Auswirkungen der staatssozialistischen Umgestaltung der Gesellschaft: "ein Volk von unkündbaren Beamten. [...] Wir sind keine Ausbeuter. Aber ist Staatsbeamter auf Lebenszeit die einzige Alternative?" (CW, 176). Wenn selbst die Arbeiter sticheln: "Man hat die Kapitalisten zu früh abgeschafft. Die wußten, wie der Rubel rollt" (CW, 173), dann scheint die Einführung des Objektlohns in der Tat ein Schritt in eine ökonomisch sinnvolle, aber ideologisch verfängliche Richtung.

> Der Kreislauf von Stillstand, Ausfall und gegenseitiger Behinderung bringt uns um. Was das Bewußtsein nicht reguliert, Geld schafft es. Der Rubel, scheints, muß auch im Sozialismus rollen. Die beste Politik ist noch immer die Lohntüte. Für eine Prämie baut der Teufel eine Kirche. Wir sind Materialisten: das sozialistische Bewußtsein gehört zum Überbau, das Sparkonto ist Basis. Darum Objektlohn (CW, 183f.).

Das Stück gibt nicht, auch nicht in der Zeichnung der Arbeiter, zu erkennen, daß an dieser sozialökonomischen Analyse eines verschämten und ideologisch verhinderten Staatskapitalismus etwas nicht stimmen könnte.

Der einzige Arbeiter, der das von der Ideologie geforderte Bewußtsein - nicht in der Praxis, sondern im Institut - entwickelt hat, ist der "hirnwütig[e]" (CW, 223) Soziologe Schlötel, der Gesellschaftsclown, der "keinen Humor" besitzt (CW, 179). Der Versuch, den Arbeiter zu verkörpern, den die Ideologie fordert, kann nur auf Gelächter und Haß stoßen und muß für den Betroffenen in tragischer Entfremdung enden. "Mein Leben ist zu kurz und zu wichtig, als daß ich alles schlucken werde. Praktizisten, Anpasser, Leisetreter, Karrieristen, ich werde ihnen noch zu schaffen machen" (CW, 208) - eine Lust des Kopfes, von der Schlötel nicht mehr zu kurieren ist: "Die Produktion hat sich der Diktatur des Verstandes zu unterwerfen" (CW, 188). "Wenn mir die Natur zwischen den Beinen juckt, so kann ich mir eine Frau nehmen. [...] Und wenn mir der Kopf juckt, und er ist auch nicht unnatürlich, soll ich ihn mir abhacken?" (CW, 218). Das Küchenmädchen Kathrin, die daran leidet, daß es in dieser Gesellschaft keine Männer mehr gibt, antwortet: "Wen interessiert, was du im Kopf hast! - Oder was, bist du impotent? So scher dich raus. Was sind das für Männer. Scher dich raus. So ein Schwein" (CW, 219). Der Hirnwütige ist in einer Welt, die sich über den Bauch organisiert, je nach seiner politischen Stellung ein mächtiges oder armes Schwein.

In einer der auffälligsten Szenen des Stückes schleicht Schlötel nachts in Zeissigs Garten und erwürgt dessen Kaninchen, dieses Symbol des verhaßten Kleinbürgertums. "Ich kann verstehen, daß man dich liebt. Aber es ist noch nicht das Jahr für, wir haben für dich noch keine Zeit" (CW, 221). Zu welcher Staatsform diese Art von Hirnwütigkeit letztlich führen müßte, deutet sich in seinen Krisenmonologen an: "Wir müssen ein Tribunal schaffen, bevor unser Werk von Saboteuren zerstört wird, von innen heraus zerstört wird, verstehst du! Ein Revolutionstribunal muß her, Genosse!" (CW, 220). Der revolutionäre Clown des Hirns geht am Ende, von Familie und Arbeit entfremdet, ins Wasser und bekommt den zu erwartenden Dank: "Freitod - das ist eine verkommene Haltung" (CW, 230).

Wer wie die meisten übrigen Figuren intuitiv weiß, daß die Ordnung nicht eine Angelegenheit des Verstandes, nicht der Ideologie, sondern des Bauches ist, und sich damit abfindet und arrangiert, der hat auch den Humor der teils behaglichen teils aggressiven Überlebensstrategien, und von diesem lebt das Stück über weite Teile. Das gilt nicht nur für die aggressive Biedermeiermentalität der Arbeiter, die Schlötel u. a. nachts auflauern und verprügeln, das gilt auch für die Vertreter des Apparates, vor allem für den Parteisekretär Netzker. Folgendermaßen wird er uns bei seinem ersten Auftritt am Telefon vorgestellt: "Wenn ich in die Werkhallen gehe und mit unseren Arbeitern spreche, dann ist es eine Selbstverständlichkeit, daß der Betriebsfunk anwesend ist. [...] Willst du die Arbeit der Partei sabotieren? Ich rede nicht zu meinem Vergnügen mit den Werktätigen. Ich erwarte, daß der Betriebsfunk darüber berichtet. Jawohl, Genosse, jedesmal. Und ausführlich" (CW, 175). Mit folgenden Worten reagiert er auf das erste Treffen mit dem hirnwütigen Schlötel:

> *lacht:* Sie haben recht. Der Mensch eine Akte, was zählt ist Papier. Das Gespräch - ein Relikt der Klassengesellschaft, wir werdens liquidieren. Sie haben studiert, ich auch. Philosophie, natürlich. Alle Welt wirft sich auf Philosophie, ich hoffe sie wird darunter nicht platt. Ich habe gern studiert: die reine Wissenschaft ist für uns Praktiker wie Urlaub: im Kopf klappt alles. Für Sie wird die Praxis die Hölle sein: die Anarchisten sind theoretisch widerlegt, jetzt arbeiten sie in der Planung. [...] Als ich anfing, war ich der eiserne Besen des Proletariats. Wissen Sie, was eine Säuberung ist? Jetzt sind wir eine Etappe weiter: ich bin der Mülleimer für Pannen und Katastrophen (CW, 179.).

Nach einem taktischen Fehler und angesichts einer drohenden Parteistrafe, die den Brigademeister Segal ängstigt, führt Netzker beruhigend aus:

Ich bin jetzt fünfundzwanzig Jahre in der Partei. In dieser Zeit war ich ein Schädling mal, ein Neutralist, ein Antiinternationalist, ein Fraktionsmacher, nun ein Saboteur. Vor drei Tagen hat mir die Bezirksleitung zur fünfundzwanzigjährigen Parteizugehörigkeit gratuliert und mir gesagt, ich sei ein Kommunist. Also reg dich nicht auf. Ich habe mit dem Staatsanwalt telefoniert. Er sagte, wenn alles zutrifft, was Schlötel geschrieben hat, wird er uns beide erschießen lassen (CW, 225).

Es gehört vielleicht zu den beunruhigsten Momenten des Stückes, das die Figur, die über den größten Durchblick, die gelassenste Taktik und den lebenstüchtigsten Humor verfügt, weder unter den Theoretikern des soziologischen Instituts noch unter den Arbeitern, noch unter den entmachteten Altkommunisten zu suchen ist, sondern in der Parteiführung. Dort hat man begriffen, daß das Ideologem des nicht antagonistischen Widerspruchs nicht nur ein Instrument des Planungsterrors sowie der zentralistischen Zensur, sondern darüberhinaus das Lebenselexir der Bürokratie, das Glück und der Luxus des bürokratischen Anarchismus ist.

Wege zur Prosa

Es mag als Symtom für die Situation des deutschen Theaters gelten, daß Christoph Hein schon mit seiner ersten Prosaveröffentlichung, *Einladung zum Lever Bourgeois* (1980 im Aufbauverlag) mehr Aufsehen erregen konnte als in den gesamten zehn Jahren, in denen er als Dramaturg und Dramatiker vor allem an der Berliner Volksbühne wirkte.[21] Erst sein Erfolg als Erzähler verschaffte schließlich auch seinen Dramen etwas mehr Beachtung.[22] Umfassende offizielle Anerkennung brachte schließlich der angesehene Heinrich-Mann-Preis, der Hein 1982 zugesprochen wurde. Hatte die Kritik doch damit ihren Willen bekundet, ihre formale Begeisterung für Heins Sprache über die eher inhaltlichen Bedenken siegen zu lassen, wie Peter Hacks in seiner Preisrede auch unumwunden zugestand: "Er [Hein] gehört zu jenen wenigen, die mit der Sprache keine Sorgen haben. Christoph Hein hat Gewalt über die Worte. Sein Problem war der Inhalt, der ja jedenfalls das leichtere Problem ist."[23] Allen, die bei diesem jungen Autor noch immer einen gefährlichen Hang zu standpunktlosen, objektivistischen Erzähltechniken zu entdecken glaubten, hielt er in derselben Rede beschwichtigend entgegen, daß Heins "Wirklichkeitsliebe" gerade das "Gegenteil von Objektivismus" sei, und daß gerade in "dieser Hochachtung vor dem Wirklichen [...] seine Nachricht" liege (ebd. 160). Selbst der *Lassalle* ist nach Hacks "um so viel besser als der *Cromwell*, wie seine Gattung, der aufge-

---

[21] Christoph Hein, *Einladung zum Lever Bourgeois* (Berlin, Weimar 1980). Seitenangaben hiernach im Text hinter dem Kürzel ELB. Vgl. Peter Reichels Analysen der Gegenwartsdramatik in der DDR, "Anmerkungen zur DDR-Dramatik seit 1980," Teil I, *Weimarer Beiträge* 29,8 (1983): 1403-26; Teil II, *Weimarer Beiträge* 29,10 (1983): 1709-28.

[22] Vgl. z. B. Christoph Funkes Rezension des *Lassalle*, "Spiel mit Geschichte," in *Rezensionen zur DDR Literatur. Kritik 81* (Halle, Leipzig 1982), 30-34; und Frank Hörnigk, "Christoph Hein: Cromwell," *Weimarer Beiträge* 29,1 (1981): 33-39.

[23] Peter Hacks, "Heinrich-Mann-Preis 1982," *Neue deutsche Literatur*, Heft 6 (1982): 162.

klärte oder abgefeimte Naturalismus, besser als die epische Geschichts-schreibung ist" (ebd. 161). Im übrigen unterscheide sich dieser abgefeimte Naturalismus "vom Hauptmannschen dadurch, daß der Autor nicht dumm" sei (ebd.).

Die kurzen Prosastücke, die Hein in seinem ersten Prosaband zusam-menstellte, der 1982 unter dem Titel *Nachtfahrt und früher Morgen* (man hat es sich nicht versagen können, eine Fluchtgeschichte in den Titel zu erhe-ben) auch bei Hoffmann und Campe erschien, sind in der Tat vornehmlich unter formalen Gesichtspunkten interessant.[24] Diese frühen Texte verber-gen die Handschrift des Dramatikers nicht und setzen zugleich die Errun-genschaften der DDR-Prosa der 70er Jahre voraus, eine Prosa, der es unter Umgehung der offiziellen poetologischen und kulturpolitischen Vorgaben gelungen ist, einen Realismus zu schaffen, der den zentralen Konflikt von Individuum und Gemeinschaft mit streitbarem historischem Bewußtsein entfaltet und zu differenzierten psychologischen Ebenen vorstößt. Von Bobrowski stammt, wenn ich mich recht erinnere, der Satz: 'die Darstellung der Verhältnisse im Kleinen und Alltäglichen vermag auch die Verfehltheit der gesellschaftlichen Struktur im Großen zu zeigen.' Diese Beobachtung trifft Heins Prosa wie kaum eine andere.

Der Titeltext der DDR-Ausgabe, *Einladung zum Lever Bourgeois*, lädt dazu ein, dem Hofdichter und -historiographen Racine beim allmorgendli-chen Zeremoniell des Aufrichtens von Körper und Geist zuzuschauen, wie Racine seinerseits bisweilen die Gunst erfährt, dem Morgenzeremoniell Ludwigs XIV. beizuwohnen. Der Leser erlebt einen Höfling, der dabei ist, sich zum Bourgeois zu erheben, seit er eine Klageschrift gegen die Mißstän-de im Land verfaßt und am Hof verteilt hat. Die paradigmatische Proble-matik von legitimistischer und kritischer Potenz der Hofpoesie wird am konkreten historischen Beispiel vorgeführt. Das Thema ist in der DDR-

---

[24] Christoph Hein, *Nachtfahrt und früher Morgen* (Hamburg 1982). Ursula Heukenkamp fühlt sich in ihrer Rezension formal an westliche Literatur erinnert, z. B. an Handke und Walser, "Die fremde Form," *Sinn und Form* 3 (1983): 632. In der westdeutschen Ausgabe fehlt die Erzählung, *Der Sohn*, eine für die DDR-Literatur der späten 70er Jahre durchaus typische Schulgeschichte, die den Sozialisationsinstitutionen in Schule und Familie und ihrem Versagen vor den Bedürfnissen eines Kindes nachspürt, ein überaus knapper, fast auf biographische Stichdaten reduzierter Text.

Literatur nicht unbekannt. Erinnert sei nur an Klaus Poches *Atemnot*, Günter de Bruyns *Preisverleihung*, Werner Heiduczecks *Der Tod am Meer* und Martin Stades *Der König und sein Narr*. Die Qualität des Heinschen Textes verdankt sich in erster Linie der radikalen Beschränkung auf nur wenige Stunden im Leben Racines. Denn nur im historischen Detail lassen sich Bezüge zum modernen Schriftsteller (z. B. in der DDR) mit der gebotenen Komplexität und damit glaubwürdig nachvollziehen. Es ist der mit 59 Jahren bereits todkranke Racine, dessen Gedanken wir beim qualvollen Ritual der morgendlichen Darmentleerung belauschen. Wir erfahren ihn als kraftlos, hermetisch in sich verschlossen, der jüngeren Gesellschaft des Hofes entfremdet, launisch und kommunikationsarm. Der Darm, in dem die Krankheit wütet, ist zur "Weltsicht" geworden, die Welt zum Ärgernis der kleinen Tücken der Objekte, an denen Racine allmorgendlich zu scheitern droht (ELB, 8). Wie der Stuhlgang zur qualvollen Buße auf dem "Golgathathron" geworden ist, so drängen kaum weniger schmerzlich die Erinnerungen eines Dichter- und Höflingslebens an die Oberfläche (ELB, 18). Da ist z. B. die Ohnmacht und dennoch das Gefühl des Versagens vor dem konkret erlebten Elend. Als königlicher Kriegshistoriograph wurde Racine zum Zeugen der gewöhnlichen Grausamkeit des soldatischen Alltags. In wenigen Sätzen faßt Hein die quälende Erinnerung in ihrer schlichten Brutalität:

> Eine holländische Bäuerin war vergewaltigt worden, man fand sie dann zusammen mit ihrem Kind in der Stallung tot auf. Die Untersuchung wurde eingestellt, um höhere Interessen nicht zu inkommodieren. Alltag der Armee. Der Bauer, der die drei Offiziere angezeigt hatte, [...] verübte später - wie der französische Kommandant im Dorf bekannt geben ließ - Selbstmord. Schuldig des Diebstahls von Militäreigentum. Bemerkenswert daran, daß er sich in seiner Scheune mehr als zwanzigmal eine Forke in den Körper gestoßen haben mußte, so daß sein Leib in zwei Teile zerriß (ELB, 10f.).

Racine schaut weg, er kann und darf dieses Elend nicht zur Kenntnis nehmen - ohne Schuldgefühle, wie er sich versichert: "was hätte er ausrichten können. [...] Sollte er in die Scheune gehen, um dann Mord, Mord zu schreien? Die reinen Helden in der Literatur. Auf der Bühne ist es angebracht. Helden Tat und Tod. Er ist kein Schauspieler" (ELB, 11-12). Er weiß, "daß in den Verliesen des Sonnenstaates nicht nur Verbrecher liegen [...]. Weiß aber auch, hier nachzuforschen wäre Staatsverleumdung" (ELB, 12).

52

Das 'höhere Interesse' eines Staates anzuerkennen, ist bestialisch, möglicherweise aber die Voraussetzung seiner weiteren Existenz. Der des Staates, des Individuums ohnehin. Und der verdiente Staatsbürger ist zu ehren um seiner schweigenden Mitwisserschaft willen. Da ist es süß, für das Vaterland zu sterben, um ihm nicht anderweitig dienen zu müssen (ELB, 13).

Was bleibt dem Intellektuellen am Hof außer böser Ironie? So mischen sich Ohnmacht und Ironie zu einem spezifischen Gefühl des Sich-Arrangieren-Müssens, das auch heute noch nichts an quälender Aktualität eingebüßt hat. Auch andere historisch spezifische Beschädigungen des Intellektuellen verweisen auf aktuelle Parallelen: z. B. der gewaltsame, rationale Verzicht auf Liebe zwecks einer der Karriere dienlichen Ehe oder der nie überwundene Verrat an der geistigen Heimat, dem Jansenisten Kloster Port-Royale. Diese spannungsreichen Erinnerungen eines bereits gelebten Lebens lassen das Persönlichkeitsbild des kranken Racine über alle historische Distanz hinweg (die aber keineswegs geleugnet wird) unmittelbar anschaulich und aktuell werden.

Schließlich ist es dieser seelisch und körperlich beschädigte Hofpoet, der die Kraft, oder besser die Gelassenheit aufbringt, dem Hof seine Schrift *Das Elend des Volkes* anonym - aber man weiß ja, daß nur er als Autor in Frage kommt - vorzulegen. "Auf diese wenigen Druckseiten 'Das Elend des Volkes' ist er stolz" (ELB, 24). Das Nachlassen des Karrieredrucks, die Gelassenheit des Alters, das kein Leben mehr zu fordern hat, und schließlich der Luxus des Ruhms, der eine nahezu gefahrlose Gewissenserleichterung ermöglicht, definieren den revolutionären Motor, der Racine dem Hof entfremdet und im Angesicht von Krankheit und Tod ein Stück weit zu sich selbst kommen läßt.

Hein gelingt die Zeichnung eines historisch möglichen und zugleich paradigmatischen Moments intellektuellen Bewußtseins, indem er den Übergang von der exakten Beschreibung des Äußeren zur Ausleuchtung des Inneren ohne großen stilistischen Aufwand und darum zwingend gestaltet. Hinzu kommt ein ausgeprägter Sinn für die Grenzen der gezeichneten Szenen und eine auktoriale Selbstdisziplin, die sich psychologische und geschichtsphilosophische Spekulationen, deren Klischees sich allgegenwärtig aufdrängen, versagt.

Einen anderen Typus eines Intellektuellen, diesmal aus der ersten Hälfte des 19. Jahrhunderts behandelt der Text *Die russischen Briefe des Jägers Johann Seifert*. Es handelt sich um Biefe, die Alexander von Humboldts Kammerdiener Seifert aus Rußland an seine Frau in Berlin schreibt.

Das Eigenartige dieser Brieferzählung besteht darin, daß Seiferts Blick von unten nicht die Rolle eines proletarischen Kritikers oder fortschrittlichen historischen Kommentators zukommt, sondern daß er im Gegenteil eher als Humboldts konservativer Widerpart auftritt. Natürlich sind die Briefe fiktiv, Hein weist sie aber in einem ironischen Vorwort als authentische Zeugnisse des 19. Jahrhunderts aus, die es im Dienst der Geschichtswissenschaft zu veröffentlichen gelte. Es geht um das Verhältnis von königlichem Preussen und kaiserlichem Rußland und um das ihrer Erben. Hein historisiert seinen Text in ungewohnter Radikalität. Er zeichnet sich nicht nur durch gründliche Quellenkenntnis aus, sonder scheut darüber hinaus nicht davor zurück, sich die für Seiferts Zeit und Stand wahrscheinliche Schriftsprache zu erarbeiten. Heins Lektor Günther Drommer schreibt im Nachwort des Bandes, daß er einen Augenblick gezweifelt habe, ob es sich hier nicht doch um historische Dokumente handele, und sich genötigt sah, entsprechende Nachforschungen anzustellen (ELB, 185-190).

Die Themen der Erzählung entwickeln sich aus der nicht gerade gewöhnlichen (wenn auch z. B. im Drama des 18. Jahrhunderts vorgebildeten) Freundschaft zwischen dem liberalen, aufgeklärten und kosmopolitischen Adligen und seinem vielleicht pfiffigen, aber ungebildeten und christlich-vaterländisch bornierten Kammerdiener. Statt der gemeinsamen Lust an der Intrige (die diese Charaktere im Drama des 18. Jahrhunderts zu verbinden pflegt) ist es hier ein gewisses Maß an ständeübergreifender Anständigkeit, das die beiden Helden in der reaktionären, feindlichen Welt der Heiligen Allianz aneinanderkettet. Sie haben dabei durchaus unterschiedliche Probleme mit dem autoritären Alltag in Preußen und Rußland, und man kann nicht einmal voraussetzen, daß sie die Zwänge des anderen wirklich verstehen. Natürlich stoßen wir mit dem 60jährigen Humboldt wiederum auf die Problematik des intellektuellen Höflings. "Ein Göthe, ein Schelling, sie alle seien begehrlich, im Schatten der Macht zu sizzen, und es mag darin ein ihrem Thun Förderliches stekken" (ELB, 136). In bezug auf seine eigene Rolle am Hof ist Humboldt weit pessimistischer, wenn er z. B. deutliche Parallelen zwischen sich und dem berüchtigten Gundling, dem intellektuellen Hofnarren des Soldatenkönigs Friedrich Wilhelms, zieht:[25]

---

[25] Die Figur des Gundling ist ja in der DDR-Literatur auffallend beliebt, z. B. Heiner Müllers *Leben Gundlings Friedrich von Preußen Lessings Schlaf Traum Schrei* und Martin Stades *Der König und sein Narr.*

Ieder, ist er nur adelig gebohren, kaum dass er das sprechen erlernte, erlaube sich Unverschämtheiten mit ihm und unwürdige Scherze. Einer gelangweilten HofKamarilla habe er zur AbendUnterhaltung Zeitschriften vorzulesen, wobei man seiner nicht achtet und parlirt, gähnt oder schläft (ELB, 133f.).

Humboldt ist zu gleichen Teilen ein überzeugter Anhänger der Aufklärung und ein lebenserfahrener Pessimist. Über die Französische Revolution urteilt er: "Da sei keine Regierung, die dem Volke Worth gehalten; keine, die ihre SelbstSucht der Gesellschaft untergeordnet habe" (ELB, 172). Andererseits weiß er, "dass ein Humanist nothwendig ein Häretiker sein müsse" (ELB, 115). So muß sich sein Aufklärungsbemühen im Schatten der Macht mit der Wissenschaft begnügen (ist selbst dort zahlreichen Einschränkungen unterworfen) und darf sich, unbedingt überzeugt von einer der reinen Wissenschaft immanenten Aufklärung, auf das politische und soziale Zeitgeschehen kaum einlassen. Zu dieser grundsätzlichen, bis heute anhaltenden Problematik der so notwendigen wie verhängnisvollen politischen Freistellung der wissenschaftlichen Intelligenz treten weitere Probleme des weltoffenen Zeitgenossen, die zugleich das historische Bild konkretisieren und aktuelle Bezüge herausfordern: z. B. die nervtötende patriotische Indoktrination, eine grassierende Bespitzelung jeder intellektuellen Regung (zu der man auch Seifert zwingt), der alltägliche Kampf mit der Bürokratie und die herrschenden restriktiven Sexualnormen.

All diese Probleme beschäftigen den Kammerdiener nicht, wo er ihnen begegnet, steht er fest auf der Seite seines Staates. Wenn auch ihm selbst kaum, so wird aber immerhin dem Leser deutlich, daß Seifert dennoch an denselben Strukturen leidet, an denen Humboldt verzweifelt. Gesättigt von den simplen Doktrinen von Vaterland und Christentum hat Seiferts Weltbild kaum Überschneidungen mit Humboldts Liberalismus. Andererseits mangelt es Humboldt an Seiferts Geradlinigkeit, die auch ein unbelastetes Ehrgefühl einschließt, für das in Humboldts komplizierten Strategien des intellektuellen Überlebens kein Raum mehr ist. Darum kann Hein mit diesen gegensätzlichen Figuren die Fiktion einer komplementären Freundschaft zwischen den Klassen und Weltanschauungen positionieren, soweit er ihnen die Bereitschaft zuschreibt, ihre Weltbilder punktuell ruhen zu lassen, wenn es in einer für beide feindlichen Umwelt auf zwischenmenschliche Hilfestellungen, auf Fürsorge, Vertrauen und Achtung ankommt. Darin gestaltet Heins Spiel mit Geschichtstreue und voluntativer Fiktion ein hoffnungsvolles Moment einer klassenübergreifenden Freundschaft, das zudem politische Relevanz beansprucht, soweit sich in zahlreichen Details der preußischen und russischen Geschichte eine historisch verfremdete Gegenwart spiegelt.

Im Zusammenhang der kontroversen Erbediskussion hat die Literatur der DDR in den 70er Jahren neben biographischen Studien vordem verfehmter Autoren auch zahlreiche Textbearbeitungen von Dichtern aus politisch signifikanten Epochen hervorgebracht. Hein versucht sich in diesem Genre mit dem Text *Der neue (glücklichere) Kohlhaas*. Schon das zugleich ein- wie ausgeklammerte Adjektiv 'glücklichere' signalisiert die historische und gesellschaftspolitische Spannung dieser Erzählung.[26] Auch dieser Text zeichnet sich in seinem historischen Bezug durch ein radikales Experiment aus, indem Hein eine zeitgenössische Episode im Kleistschen Stil, in dessen Sprach- und Denkführungen verfremdet. Der Rechtshandel des Hubert K., Buchhalter in einer volkseigenen sächsischen Stuhlfabrik, gegen die Betriebs- und Gewerkschaftsleitung um eine vom Betrieb widerrechtlich einbehaltene Prämie von 40 Mark trifft einen empfindlichen Punkt im Rechtsempfinden der DDR, wie die widerrechtlich geforderten Zölle und die Konfiszierung der Pferde in Kleists Erzählung einen empfindlichen Punkt des absolutistischen Rechtswesens trafen. Auch Hein kann noch einen Staat vorstellen, in dem das Aufbegehren des Einzelnen gegen die Willkür verfestigter Machtkomplexe in der sozialen Zerstörung des Individuums endet. Ks. Mitmenschen, von den Kollegen bis zur eigenen Frau, können dem Aufbegehren des Buchhalters nur mit Schadenfreude und Spott begegnen, hinter dem sich gedankenlose Arrangements und standpunktslose Angst verbergen. Der glückliche deus-ex-machina-Schluß der Erzählung, demzufolge der Oberste Gerichtshof der DDR in zwei Staatslimousinen herbeieilt und dem Buchhalter im letzten Moment doch noch Recht verschafft, ist keiner und kann den Konflikt so wenig lösen wie das Brandenburger Urteil in Kleists Erzählung. Ks. Identität ist zerrüttet, und

---

[26] Kleist hat sich selbst dieser Technik bedient, als er einer kurzen Anekdote den Titel "Der neuere (glücklichere) Werther" gab. Vgl. Heinrich von Kleist, *Sämtliche Werke und Briefe*. Hg. Helmut Sembdner. 7. Aufl. (München 1984), 2. Bd., 276f.

er steht als der "verfluchte Gottesnarr" da, wie ihn die Schwiegermutter treffend bezeichnet (ELB, 103).[27]

Die sechs aphoristisch knappen Texte, die unter dem Titel *Aus: Ein Album Berliner Stadtansichten* zusammengefaßt sind, zeugen erneut von Heins Kunst der exakten, lakonischen Studie. Szenen und Genrebilder reihen sich an skelettartige Gerüste eines Romans. Z. B. setzt sich der Text *Friederike, Martha, Hilde* nur aus schlichten biographischen Daten von drei Frauen aus drei Perioden deutscher Geschichte zusammen. Gerade diese durch radikalen Verzicht auf jede Ausschmückung erreichte Fadheit der Daten läßt die unmenschlichen Verkrüppelungen der Frauen schockierend erkennbar werden (ELB, 40). Andere Texte erzählen von Merkwürdigkeiten, die in ihrer Prägnanz an Kleists Anekdotensammlung erinnern und viel über den Alltag der deutschen Geschichte aussagen können. Da ist z. B. die Anekdote von der Witwe eines Maurers, der nach kurzer Ehe in den Berliner Märzkämpfen von 1918 umkam. Die unpolitische Witwe erhält fast gegen ihren Willen von der Weimarer Republik, dem 3. Reich und der DDR eine Ehrenrente mit immer wieder neu angepaßtem ideologischem Vorzeichen.

Schließlich möchte ich noch auf einen Text des Bandes hinweisen, der mir besonders gewagt und darum beachtenswert erscheint: *Leb wohl, mein Freund, es ist schwer zu sterben.* Hinter dem pathetischen Schlagertitel verbirgt sich die schlichte Tragik einer dicken Frau. Hier im kleinen Thema der gewöhnlichen Misere bewährt sich Heins Stil m. E. am besten. Hart an der Grenze zum Trivialen gelingt es ihm, die bedrückende Gefühlswelt einer Dicken einzufangen, die sich auf der Reise zu einem längst verheirateten Jugendfreund befindet. In der sorgfältigen Beobachtung des Außen wird die verstörte Einsamkeit und Trostlosigkeit fast filmisch sichtbar.

> Ein junger Mann, der ihr gegenüber saß, beobachtete gleichfalls interessiert, wie sie verlegen nach der Fahrkarte suchte, wobei sie mit ihren breiten Lippen etwas Unhörbares vor sich hin murmelte. Belu-

---

[27] Im Zuge der Wiederentdeckung der Romantik war die Auseinandersetzung mit Kleist in der DDR ja von entscheidender Wichtigkeit. Gerade in den Phasen politischer Ernüchterung und Resignation ist Kleists Biographie und Werk für zahlreiche Schriftsteller zum Paradigma eigener politischer, biographischer und literarischer Wenden geworden. Einen guten Einstieg in die Thematik bietet Theo Honnef, *Heinrich von Kleist in der Literatur der DDR* (Bern, Frankfurt 1988).

stigt von der aufgeregten Frau sahen sich die Männer für einen Moment an (ELB, 71).

Es ist dieses Erzählen - Begriffe wie Kühle, Lakonik, Schlichtheit, Konkretheit, Exaktheit etc. können es wohl nur unzureichend beschreiben -, das auch die längeren Prosatexte der kommenden Jahre auszeichnet und im Spektrum der DDR-Literatur einen unverwechselbaren Stil ausmacht. Fragt man sich, worin eigentlich das Besondere dieses Stils besteht, wird man nicht umhinkönnen, neben der Auflistung der ja keineswegs unbekannten Techniken das Prinzip ihres Einsatzes und Arrangements im politischen Gestaltungswillen des Autors zu suchen. Und da fällt schon in dieser ersten Prosasammlung ein Phänomen ins Auge, das nicht minder schwierig zu beschreiben ist. Meine Vorschläge gehen in folgende Richtung: Ich finde in Heins Prosa ein dezidiertes Gefühl für die ästhetischen Grenzen der geschilderten Wirklichkeitsausschnitte, die zwar unter Umständen ihren paradigmatischen oder auch stereotypen Charakter nicht verbergen, aber dennoch nicht mit irgendwelchen theoretischen Diskursen (zumal politisch-ideologischer Art, die gleichwohl beim Leser erkennbar vorausgesetzt werden) belastet und damit verkürzt sind. Die Szene, der innere oder äußere Monolog, der Dialog, die Gestik, die subjektive Beschreibung erreichen einen innovativen Wirklichkeitsgehalt, indem sie sich der Versuchung zur vorschnellen, präsuppositionierten Vereinnahmung mit dem Anspruch auf die Totalität des Konkreten entgegenstellen. Eben darum atmet diese Prosa trotz ihrer Genauigkeit ein hohes Maß an Offenheit, der es letztlich um die Befreiung des konkreten historischen Augenblicks aus den Engpässen der Ideologie und damit um die Eroberung eines erweiterten Verstehensraums geht. Heins Sprache ist schlicht, weil die Sprache der Ideologie und auch die sprachlichen Machtansprüche der psychologischen, sozialen und historischen Theorie so vielfältig reich geworden sind.

Der fremde Freund

Mit *Der fremde Freund* hat Hein 1982 (im Aufbau Verlag) eine längere Novelle vorgelegt, der die experimentellen Züge der kürzeren Texte kaum noch anhaften. Auch die Suche nach dem Thema, die Hein in *Lever Bourgeois* noch vielfach auf in der zeitgenössischen DDR-Literatur bereits bearbeitete Stoffe zurückgreifen ließ, ist in dem neuen Text schlichter und souveräner gelöst: Claudia, eine Ärztin, geschieden und allein wohnend, erinnert sich als Ich-Erzählerin an ihre Affäre mit dem Architekten Henry, verheiratet, Vater, getrennt lebend. Die Beziehung schafft es einmal durch die vier Jahreszeiten, dann wird Henry in einem absurden Streit von einem Jugendlichen erschlagen: eine konsequente Zeiterzählung, die in der DDR schon nach wenigen Wochen vergriffen war und auch in der Kritik einigen Staub aufgewirbelt hat. Hacks Verdikt, daß Hein mit der Sprache keine Probleme habe, wird dabei im allgemeinen auch dem neuen Text gegenüber beibehalten, um so mehr schieben sich aber jetzt wieder Sorgen um den Inhalt in den Vordergrund.

Um die vielstimmige Diskussion um diese Novelle zu dokumentieren, haben die Weimarer Beiträge 1983 sechs Rezensionen unter dem Titel "Für und Wider" zusammengetragen. Im Mittelpunkt dieser Kritiken steht, wie der Titel schon andeutet, die Frage nach dem Nutzen bzw. Schaden, den diese sich auf den ersten Blick so destruktiv gebärdende Erzählung für die DDR-Gesellschaft haben könnte. Der vielleicht ablehnenste Beitrag stammt von Rüdiger Bernhardt. Anfangs beeindruckt von der Präzision mit der Hein "das Schicksal eines einsamen Menschen in Mitten einer nicht auf Einsamkeit orientierten Umwelt" porträtiere, beklagt Bernhardt am Ende, daß die "Unruhe," in die ihn der Text versetzt habe, sich "zur Bedenklichkeit, diesem Buch mit nachdrücklicher Distanz begegnen zu müssen," gesteigert habe.[28] Klaus Kändler vermißt an der Heldin den Versuch, Widerstand gegen die negativen Qualitäten ihres Lebens zu leisten, und kann das Buch deshalb nur bedingt zur Lektüre empfehlen. Er gibt aller-

---

[28] "Für und Wider: 'Der fremde Freund' von Christoph Hein," *Weimarer Beiträge*, 29 (1983), 1638.

dings zu, "ohne gleich eines unangemessenen Rufes nach dem Positiven sich schuldig zu machen," dieses Problem mit vielen Autoren aus Heins Generation zu haben (ebd. 1641). Aufgrund eines differenzierteren Verständnisses der Interaktion von Literatur und Realität kann Bernd Leistner dagegen zeigen, daß die Fragwürdigkeit dieser Negativität in Heins Sprache selbst schon zum Ausdruck kommt, die Leistner entsprechend als stilisierte Negativität begreift. "Und der Autor weiß mit der Maske dieses Sprechens denn auch so umzugehen, daß Schutz- und Täuschungsfunktion (der sich mitteilenden Figur) kenntlich wird" (ebd. 1644). Deshalb dokumentiert Hein für Leistner gerade in der Negativität der Heldin, "ein humanes Verlangen, das auf nichts weniger als auf die Gestalt einer befriedigenden Ganzheit zielt. Sein Kunst-Stück ist unverlogen - und idealisch zugleich" (ebd. 1645). Auch Gabriele Lindner bezieht in der alten Positivitätsdebatte der DDR-Kritk eine eher fortschrittliche Position. Sie gibt zu, trotz der Negativität von der Heldin fasziniert zu sein, und hält didaktische Warnungen gegen das Buch für fehl am Platz. Die Lebensweise der Heldin sei "der Gesellschaft, in der sie lebt, zwar wahrhaftig nicht notwendig - aber sie ist möglich" (ebd. 1548). Bernd Schick dagegen spricht der Novelle nicht sehr viel Wirklichkeitsgehalt zu und beklagt die sozialen Klischees, die er in Heins Prosa entdecken könne. Ursula Wilke schliesslich nimmt in ihrem Urteil noch einmal Hacks wertende Trennung von Form und Inhalt auf. Einerseits räumt sie ein, "daß eine solche Art von Komposition und Schreibweise in ihrem natürlichen Fluß schon ein Glanzpunkt unserer Literatur ist" (ebd. 1652). Andererseits nehmen sich ihre Bemerkungen über den Inhalt dann aber geradezu ärgerlich aus: "Das Ganze stimmt nicht. Die Novelle ist unwahr....Der Fatalismus. Das Fatale, nahezu als das Normale ausgewiesen, das stimmt nicht" (ebd. 1653). Es ist klar wessen Heins Novelle ihrer Meinung nach bedarf: "Eben - einer reiferen Weltanschauung" (ebd. 1655). Ein paar Monate vorher hatte Brigitte Böttcher schon eine zwar kurze, aber sensible Rezension der Novelle veröffentlicht, in der sie am Ende zwar ebenfalls den "Fatalismus" und ein "undialektisches Betrachten der Entwicklungswidersprüche" beklagt, aber gleichzeitig zugesteht, daß Heins vereinfachende Polarisierung - "Tod oder 'in Gesellschaft leben', kommunikativ, verantwortlich" - wohl solange "ihre mobilisierende Kraft [habe], solange nicht die kommunistische Sozietät entfaltet" sei.[29] Die von den *Weimarer Beirägen* dokumen-

---

[29] Brigitte Böttcher, "Diagnose eines unheilbaren Zustands," *Neue deutsche Literatur* Heft 6 (1983): 149.

tierte, überwiegend doch recht krude Lektüre- und Rezensionspraxis war schließlich selbst Hans Kaufmann zuviel, so daß er sich genötigt sah, den angesprochenen Kritikern Unterricht im Lesen zu erteilen, indem er die elementarsten literar-kommunikativen Elemente und Funktionen (Autor, Heldin, Wirklichkeit und Rezeption) in Erinnerung rief. Seine eigene politische Interpretation lautet:

> Ein Warnbild liefert er [Hein] insofern, als sich der Leser einen Zustand, in dem Beziehungen wie die geschilderten vorherrschend sind, mit Schrecken vorstellt. Aber es gibt sie, und sie haben eine Basis. Ich vermute sogar, daß der Autor - schrecklich, es auszusprechen! - selbsterfahrene, ihn belastende Lebensmöglichkeiten im Frauengewand novellistisch durchspielt und sie uns zum Vergleichen anbietet, damit wir uns lesend von ihnen befreien, wie er sich schreibend davon befreite.[30]

In der radikal abwertenden Kritik findet er dieselbe

> 'Berührungsangst', die sie [die Kritiker] an Claudia entdecken. Glaubt man ihnen, so sind 'wir' anderen alle hochsensibel, wahre Samariter des Seelenlebens unserer Mitmenschen, während diese da platterdings ein 'Monster' ist, das man - sensiblerweise - 'im Leben links liegen lassen' würde. Die Vermutung erscheint nicht abwegig, daß Hein auch gegen solche Selbstgerechtigkeit angeschrieben hat (ebd.).

Welche Bedeutung die Kritik in der DDR für einen Autor hat, kann aus der heftigen und sicher auch mutigen Reaktion entnommen werden, mit der Hein seinen Kritikern entgegengetreten ist. Er nutzte die Gelegenheit einer adäquaten Öffentlichkeit, die ihm die Preisrede (als Preisträger des Vorjahres) zur Verleihung des Heinrich-Mann-Preises 1983 an den Kritiker Friedrich Dieckmann verschaffte, um sich sehr grundsätzlich mit der Funktion der gegenwärtigen Literaturkritik auseinanderzusetzen (vgl. die entsprechenden Zitate in Kapt. 1). Erinnern wir uns auch, in welchem Maß Hein sich der politischen Beziehungen zwischen Kunstbedürfnissen, Staat und repräsentativen Künstlern bewußt ist und sich darum zur Kunst des Dilettanten bekennt, die sich "dem Publikum, dem Zwang zum Erfolg, verwei-

---

[30] Kaufmann, 237.

gert [...]."[31] Wir werden auf die dilletantische Kunst zurückkommen können, wenn wir uns unten mit Claudias Kunst, der Schubladenphotographie, auseinandersetzen.

Claudia interessiert sich nicht für Kunst und versteht nichts davon, sie ist Ärztin und damit von vornherein jemand, der es im wirklichen Leben geschafft hat. Sie ist auch keine Intellektuelle, kennt sich weder in der Politik noch in der Philosophie aus. Sie ist Realist. "Ich bin lediglich ungeeignet für jede Art von Mystik. Und jede Überlegung, die da mehr sagen will, als die Biologie es vermag, ist für mich mystisch. Ich benötige es nicht. Ich halte das für eine Stärke von mir."[32] Claudias Entfremdung erwächst nicht aus dem Kopf, sondern aus dem Leben; aus dem Leben im allgemeinen und aus dem Leben im Besonderen des Sozialismus.[33] Als Ärztin ist Claudia auch in der DDR sozial und ökonomisch privilegiert, zwar nicht besonders stark, aber immerhin so weit, daß ihr in diesen Bereichen nichts mehr zu wünschen übrig bleibt. Geld ist kein Thema mehr, sie hat gerade soviel, wie sie braucht. Sie könnte eine grössere Wohnung bekommen, wenn sie mit ihren eineinhalb Zimmern eines Tages nicht mehr zufrieden wäre. In vier oder fünf Jahren wird sie Oberarzt sein. Darüber hinaus zeichnet ihr Beruf sich dadurch aus, daß er sich nicht in Frage stellen läßt. Man ist nützlich, selbst bei den Patienten, denen eigentlich nichts fehlt. "Was mir Spaß macht, kann ich mir leisten. Ich bin gesund. Alles was ich erreichen konnte, habe ich erreicht. Ich wüßte nichts, was mir fehlte. Ich habe es geschafft. Mir geht es gut" (DB, 156). So endet die Novelle. Was also bewegt Hein, so möchte man mit den DDR Kritikern fragen, diese gelungene Biographie

[31] Hein, "Heinrich-Mann-Preis 1983," 162.

[32] Christoph Hein, *Drachenblut* (Darmstadt, Neuwied 1984), 76. Zitatnachweise hiernach im Text mit dem Kürzel DB.

[33] Ganz auf die soziale Entfremdung der Ärztin konzentriert sich Bärbel Lücke, *Christoph Hein: Drachenblut. Oldenbourg Interpretationen mit Unterrichtshilfen* (München 1989). Ihre für den Schulunterricht bestimmte Modell-Interpretation beschreibt im Detail Entfremdungsmomente der DDR-Gesellschaft in den einschlägigen Alltagsbereichen wie Wohnung, Beruf und Beziehungen und weitet diese Beobachtungen zu grundsätzlichen Aussagen über die politische und existentielle Situation Claudias vor dem Hintergrund der DDR-Literatur (vor allem Wolf und Kunert) aus.

mit so grundsäzlichen Fragezeichen zu versehen? Ist es ein willkürlich behaupteter Fatalismus, fehlt Hein die 'reifere Weltanschauung der sozialistischen Gesellschaft,' wie Wilke argumentiert, oder will er gar behaupten, daß diese Frau die reale Konkretisation der 'allseitig entwickelten sozialistischen Persönlichkeit' sei, daß die Bereitschaft zur 'mystischen' Spekulation oder gar der Kampf um Geld und Macht der Sinnerfahrung eben doch notwendig sei?

Die oben zitierte Kritik hat zunächst einmal darin recht, daß Heins Erzähltechnik den Blick auf die Welt bewußt und künstlich verengt. Zu fragen bleibt aber, ob diese Verengung des Blicks auch die Welt nur verkleinert, oder ob sie nicht im Gegenteil eine Intensitätssteigerung des Blicks und damit eine Erweiterung von Welt erreicht. Heins Erzählen bewegt sich dabei durchaus im Rahmen von seit der Moderne bekannten Techniken. Natürlich fällt dem Leser (nicht nur aufgrund der Parallelität der Titel) Camus' *l'étranger* ein, darüber hinaus vielleicht Kafka, Bobrowski, Handke etc. Auch Heins Bilder versuchen eine Verschmelzung von Innen und Aussen, Konkretem und Allgemeinem oder genauer von Sozialem, Psychologischem und Philosophischem. Hein spart dabei die theoretische Reflexion nicht aus, hebt sie aber auch nicht auktorial aus dem Erzählzusammenhang heraus. Sie bleibt Teil der erzählten (nicht der Erzähl-) Welt. In diesem Text ist es die Psychologie, die - zum Fundus der technokratischen Lebenserfassung gehörig - der Ärztin eine Sozialisationstheorie zur Verfügung stellt, deren Zweck in der Lebensbewältigung, deren Effekt aber in der Lebensverweigerung zu suchen sein mag. Eine über die Psychologie hinausgehende metaphysische Dimension der alltäglichen Erfahrung von Perspektivelosigkeit, die gerade in Claudias Weigerung zur philosophischen Reflexion der Sinn-Frage immer wieder anklingt, führt dagegen zum Kern der Novelle.

Leztlich wird der sozialistische Staat hier an einer individuellen Erfahrung der Sinn-Frage gemessen, wobei die sozialistische Problematik in das umgreifendere Thema, Entfremdung in der Industriegesellschaft, eingebettet bleibt. Wohnsilos, alte Menschen auf dem Abstellgleis, Polizeistaat-Atmosphäre, der unterdrückte Haß der Kollegen, der vorgestanzte Urlaub an der See, Ehe und Scheidung, Kinder und Abtreibung, abgestorbene familiale Emotionalität, strukturelle und konkrete männliche Gewalt, die brutal-stupide Hardrock-Einöde der Jugend, das Versagen von Liebe und Freundschaft, lustlose Apathie und Orientierungslosigkeit, mangelnde Zivilcourage, all das sind Themen, die von der politischen Ausrichtung einer modernen Industriegesellschaft offenbar nur zum geringeren Teil modifiziert sind. Ja den westlichen Leser müssen Heins Bilder bisweilen gar wie Erinnerungen an eine bessere, verlorene Welt anrühren. Wie behaglich der Konsumstandard da noch ist, wieviel da noch zusammen gegessen und getrunken wird, wie oft sich die Menschen da noch anfassen, ja streicheln. Als stellvertretend mag hier der engagierte Bochumer Professor für Pluromediale Ästhetik und Kommunikation stehen, hinter dessen beständigem, überzeugend vorgetragenem Lächeln, das Claudia an einen Vertreter erinnert - "als wolle er mich zu einem günstigen Kauf überreden" (DB, 64) -, sich ein verzweifeltes Ringen nach dem Dazugehören verbirgt.

> Übergangslos sprach er dann von Sprachverschluderung und Amerikanismen. Er konnte offenbar über alles reden. Auf mich wirkte er wie eine Comicfigur, die beständig kleine runde Blasen vollspricht und sie dann irgendwohin segeln läßt. Henry sagte, Horst rede, um nicht einen Augenblick mit sich allein sein zu müssen. Der Westdeutsche lachte nervös. Dann meinte er, hier sei alles wie im 19. Jahrhundert, wundervoll intakt wie ein vergessenes Dorf. Ein Land, als habe es sich Adalbert Stifter ausgedacht [...]. Ich glaube, er war sehr allein (DB, 66f.).

Und doch hat auch in diesem Land wenn nicht die Überflußgesellschaft so doch die vom Staat bis ins kleinste Detail ausformulierte Ordnung einen emotionalen Mangel zu Tage gefördert, den Heins Figuren nicht mehr ausfüllen können. Während Claudia im Verlauf der Erzählung immer besser lernt, den Mangel, das Begehren nicht mehr an sich heranzulassen, vermag Henry, der Atommeiler baut, sein Leben z. B. nur noch in wahnwitzigen Autofahrten zu spüren, wenn er es bewußt aufs Spiel setzt. (Die Emotionalität des normalen Kriegszustands auf westdeutschen Autobahnen und Landstraßen.) Andere Figuren haben ihr emotionales Potential bereits gänzlich verschleudert, können die neuen Beziehungsregeln nicht mehr erlernen und ringen störend und vergeblich um das, was vor dem Tod doch eigentlich noch kommen müßte; z. B. die Eltern, denen die Liebe zu ihren Kindern versagt wird, da sie doch nur wieder als Besitzen-Wollen Gestalt annehmen könnte; der unbeholfene Chef, der zum Ekel geworden ist, um seine Führungsrolle besser ausfüllen zu können, und eigentlich lieber der gütige Vorgesetzte und Kollege wäre; die Alten, die nach einem der Disziplin gewidmeten Leben nur ihre Haustiere und den Friedhof haben. Das Begehren macht schwach, die Vernunft macht stark, "unabhängig und einsam" (DB, 154). Claudias gesamte Biographie seit der Schulzeit ist auf dieses Ziel gerichtet:

Ich bin gewitzt, abgebrüht, ich durchschaue alles. Mich wird nichts mehr überraschen [...]. Ich bin auf alles eingerichtet, ich bin gegen alles gewappnet, mich wird nichts mehr verletzten. Ich bin unverletzlich geworden. Ich habe in Drachenblut gebadet, und kein Lindenblatt ließ mich irgendwo schutzlos. Aus dieser Haut komme ich nicht mehr heraus. In meiner unverletzbaren Hülle werde ich krepieren an Sehnsucht nach Katharina. Ich will wieder mit Katharina befreundet sein. Ich möchte aus diesem dicken Fell meiner Ängste und meines Mißtrauens heraus. Ich will sie sehen. Ich will Katharina wieder haben (DB, 154).

Katharina ist die Schulfreundin, die erste und einzige Liebe. Es ist der Verrat, den die noch nicht vierzehnjährige Schülerin an dieser Freundin begeht, als deren Familie ihrer Religiosität wegen vom Staat während der Atheismuskampagnen der fünfziger Jahre ins soziale Abseits gedrängt wird, von dem sich Claudia nicht mehr erholen wird - ein psychologischer und politischer Schlüssel ihres Lebens.

Es handelte sich um eine erneute Aussprache über unseren Eintritt in den sozialistischen Jugendverband. Katharina war die einzige Schülerin, die sich weigerte, einen Aufnahmeantrag zu stellen. Nur ihretwegen mußten wir länger in der Schule bleiben, und nur ihretwegen wiederholte die Lehrerin die uns bekannten Argumente und Losungen [...]. An jenem Tag meldete ich mich, wobei ich mich nach Katharina umwandte. Dann stand ich auf und belustigte mich über die christlich-abergläubischen Ansichten einer gewissen Mitschülerin (DB, 112).

Auch später noch sind es momentane Attraktionen zu anderen Frauen, die am ehesten eine tiefere Beziehung zu versprechen scheinen. "Ich hatte das Bedürfnis, sie zu berühren, und streichelte ihr Gesicht. Sie küßte leicht meine Hand und lehnte sich an meinen Arm. Und dann steckten wir die Köpfe zusammen und kicherten wie zwei kleine Mädchen. Maria sagte, sie wäre müde und wolle ins Bett" (DB, 66). Dann ist da noch "das schöne Mädchen," zu dem Claudia sich hingezogen fühlt und das ihr einen "grossen hellgrünen Klarapfel" schenkt (DB, 69). Diese Beziehungen bleiben Claudia aber, u. a. durch die systematischen Beschädigungen der kindlichen Sexualität in der Turnstunde, verwehrt. "Ich glaube jetzt, meine Generation ging in den Turnhallen ihrer Schulen so nachhaltig auf die Matte, daß es uns noch immer in allen Gliedern steckt," auch in der "Matschpflaume" und dem "Saftsack" (DB, 101).

Claudia weiß, daß diese Erinnerungen, die ihr auf einer Reise in die Stadt ihrer Kindheit kommen - sie schließen auch den 17. Juni 1953 und den Lieblingsonkel ein, der als Nazikollaborateur verurteilt wird, weil er seine sozialdemokratischen Genossen aus Feigheit an die Nazis verraten hatte -, eigentlich gar keine Erinnerungen sind. "Die Vergangenheit ist nicht mehr auffindbar. Es bleiben nur die ungenauen Reste und Vorstellungen in uns. Verzerrt, verschönt, falsch [...]. Es war, wie ich es bewahrt habe, wie ich es bewahre. Meine Träume können nicht mehr beschädigt werden, meine Ängste nicht mehr gelöscht" (DB, 103). Ein solcher Angst-Traum aber wird Hein zum Medium, das Potential des in frühen Beschädigungen erzeugten und gleichzeitig verhinderten Begehrens in einem poetischen Bild zu fassen, das Claudias reflektierende Beschreibung durchbricht, in der sie sich selbst so sehr zum anzweifelbaren historischen Beobachtungsobjekt wird, daß sie z. B. vorzugsweise in der indirekten Rede auf ihre Konversationsbeiträge rekurriert. Dieser Traum ist Claudias Erzählung als unmittelbares poetisches Zeugnis vorangestellt, wie ihr die rationalen, in direkter Rede gefaßten Überlegungen über den weiteren Verlauf ihres Lebens ein halbes Jahr nach Henrys Tod nachgestellt sind. Auch der Traum ist natürlich kein Traum, sondern "später, viel später, de[r] Versuch einer Rekonstruktion. Wiederherstellung eines Vorgangs. Erhoffte Annäherung. Um zu greifen, um zu begreifen. Ungewiß bleibt seine Beschaffenheit. Ein Traum. Oder ein fernes Erinnern. Ein Bild, mir unerreichbar, letztlich unverständlich" (DB, 6). Eine verfallene Brücke über einer tiefen Schlucht, im Hintergrund "Zypressengrün, ein schmaler Streifen von kristallen-leuchtender Leere" (5). Nietzsche und Kafka kommen in den Sinn, vielleicht Celan. Heins Bild ist ein poetisches Wagnis, literarische Versatzstücke, Tiefenpsychologie und Photographie, "fast wie eine Kamerafahrt" (DB, 5), sind ineinander verwoben. Die Sprache vermittelt bisweilen den Eindruck des literarhistorischen deja-vu, aber dann gibt es doch wieder Überraschungen: Die Traumidentität, "ich oder die Person, die vielleicht ich bin," und der zensierte Andere, "mein Begleiter, sein Gesicht bleibt verschwommen" (ebd.) bei dem psychoanalytisch und literarhistorisch bekanntermassen hoffnungslosen Versuch, die Schlucht zu überqueren, ans andere Ufer der Utopie zu gelangen.

> Doch dann eine Bewegung im Hintergrund. Fünf Läufer kommen aus dem Wald, einer hinter dem anderen. Sie tragen kurze weiße Hosen, und ihre Sporthemden sind mit einem runenartigen Zeichen versehen [...]. Sie laufen gleichmässig, mit den eleganten, regelmässigen Bewegungen von Maschinen. Es sind junge, muskulöse Männer mit offenen, strahlenden Gesichtern, keuchend und doch nicht angestrengt. Erstaunt entdecke ich ihre Ähnlichkeit, es könnten Geschwister sein [...]. Auf dem zweiten Balken stürmen sie uns entgegen, an uns vorü-

ber, auf das andere Ufer zu [...]. Dann verschwinden die Bilder. Ein Nebel oder Grau oder Nichts. Und jetzt kommt der Ton. Die regelmässigen Tritte der Läufer, wie ein gleichmässig hämmerndes Uhrwerk. Der wippende Balken, das leise Pfeifen einer Amplitude. Schließlich ein nachhallender, hoher Ton. Bildlos. Asynchron (DB, 5-6).

Strukturen der restidealistischen Philosophie der Moderne, das unbewußte Begehren, beide werden von der Realität der DDR (und/ oder der kapitalistischen Alternative?) überrannt. Die sprachliche Intensität, mit der Hein diese fünf feschen Wirklichkeits-Läufer (der deutschen Geschichte: 'runenartige Zeichen', der Konsumgesellschaft?) den auch in der Negation noch idealistischen Traum vom Menschen als Erscheinung zwischen zwei Schritten (Kafka), zwischen tierischer Herkunft und utopischer Versöhnung der Vernunft überrennen läßt, ist grotesk-komisch und brutal-erschreckend zugleich. Die reale Utopie, die dem ängstlich vorwärts tastenden Ich, es außer acht lassend, entgegenstürmt (vielleicht zurück ins Vormenschliche), ist die der Maschine. Und auch die Wahrnehmung selbst, die unmenschliche Asynchronität von Bild und Ton, gehört zum gespenstigen Erfahrungspotential der Technik.

Gehen wir zum ersten Satz des Traums zurück: "Am Anfang war eine Landschaft" (DB, 5). Für Claudia bleiben es Landschaften, die sie fast zwanghaft mit Photoapparat, Entwickler und Vergrösserungsgerät zu konstruieren versucht und dann in ihren Schubladen stapelt, ohne sie je wieder anzusehen: "Linien, Horizonte, Fluchten, die einfachen Gegebenheiten von Natur und dem, was wieder von der Natur aufgenommen wurde" (DB, 76). Claudias Kunst ist darum Kunst, weil sie dilettantisch ist, privat bleibt und deshalb Therapie sein kann. In der oben angesprochenen Rede zur Verleihung des Heinrich-Mann-Preises 1983 ersetzt die Kunst für Hein Religion und Metaphysik, zu denen auch Claudia keine Beziehung mehr unterhält. Ja sie ist sogar überrascht, wenn sie beim Nachdenken über ihre Photographien entdeckt, daß ihre Haltungen anderswo mit "religiösen Motivationen wiederzufinden" sind (DB, 75). "Dabei spielten Glaubensdinge und Transzendenz bei mir nie eine Rolle" (DB, 75). Dem Menschen, der "sich zu für ihn Unfaßbarem verhalten muss" und der ohne Religion auskommen will, verbleibt nach Hein allein, "den ihn bedrängenden Zustand künstlerisch auszudrücken."[34] Die Befriedigung dieses Bedürfnisses im Konsum frem-

---

[34] Hein, "Heinrich-Mann-Preis 1983," 161.

der, professioneller Kunst liegt für Claudia längst außerhalb des Möglichen. In ihrem Ferienort begegnet uns ein Maler, der diesen Umstand in seiner theatralischen Klage, "daß er die Kunst verraten habe, daß er sich selbst verraten habe" erläutern kann (DB, 67). Was Claudia bleibt, ist die zwanghafte Photographie als momentare Erfahrung selbstschöpferischer, ganzheitlicher Zeugung von Welt oder doch von Perspektive.

> Ich mag jene Sekunden in der Dunkelkammer, wenn auf dem weißlichen Papier im Entwickler langsam das Bild hervorkommt [...]. Die Übergänge von dem weißen Nichts zu einem noch unbestimmbaren Etwas sind fließend und überraschen in ihren sich stetig ändernden Strukturen. Das langsame Werden eines Gebildes. Ein Keimen, das ich bewirke, steuere, das ich unterbrechen kann (DB, 76).

Doch die Kunst ist nicht nur Therapie, sondern wird für Claudias fanatisch-rational abgeschottete Diesseitigkeit auf den letzten Seiten des Buches auch zur störenden Erinnerung an den Schrecken des Scheiterns und des Mangels - wie zu Beginn des Buches der Traum. "Die überwirkliche Realität, meine alltäglichen Abziehbilder schieben sich darüber, bunt, laut, vergeßlich. Heilsam. Und nur der Schrecken, die ausgestandene Hilflosigkeit bleibt in mir, unfaßbar, unauslöschlich," heißt es auf Seite 6 über die Erinnerung an den Traum. Und am Ende auf Seite 154f.:

> Neuerdings beginne ich, mich vor meinen Fotos zu fürchten [...]. Von überallher quellen mir Bäume, Landschaften, Gräser, Feldwege, totes, abgestorbenes Holz entgegen. Eine entseelte Natur, die ich erschuf und die mich nun zu überfluten droht [...]. Trotzdem werde ich nicht aufhören, diese Bilder herzustellen. Ich fürchte mich davor, es aufzugeben. Es ersetzt mir viel, es hilft mir über meine Probleme hinweg. Ich werde weiter Kisten und Schränke mit den Fotos füllen.

Kunst, auch die eigene, ist das verstörende Zeichen des Mangels und zugleich die Beruhigung des Ersatzes. Claudias Leben ist Ersatz und wird es auch in Zukunft bleiben. "Ich habe wieder einen Freund. Ich kann mich zusammennehmen, es fällt mir nicht schwer" (DB, 156). "Jetzt überfällt mich gelegentlich der Wunsch, ein elternloses Mädchen anzunehmen [...]. Ich benötige es für meine Hoffnungen, für meinen fehlenden Lebensinhalt" (DB, 153). "Meine verloren gegangene Fähigkeit, einen anderen bedingungslos zu lieben. Es ist die Sehnsucht nach Katharina, nach der Kinderliebe, nach der Freundschaft, zu der nur Kinder fähig sind" (DB, 153). "Ich hoffte das schöne Mädchen zu sehen, das ich mit Henry im vergangenen Sommer getroffen hatte [...]. In diesem Jahr war sie nicht da [...]. Ich bedauerte, das Mädchen nicht anzutreffen, aber irgendwo war es mir gleichgültig. Sie war Katharina überhaupt nicht ähnlich" (DB, 155f.).

Heins oben zitierte Kritiker fühlen sich zurecht in ihrem Literaturverständnis angegriffen. Denn Heins Realismus ist nicht der ihre einer Totalität widerspiegelnden Fiktion. Heins Realismus arbeitet mit der Künstlichkeit des Experiments. Was Claudias Existenz einer 'young, urban professional' (freilich ohne den Ersatz der Konsumwut) so direkt an die verdrängte Sinnfrage heranführt, ist letztlich eine künstliche Verengung (was nicht heißen soll, daß diese Verengung nicht tatsächlich zur Konstitution einer musterhaften DDR-Biographie gehören mag), nämlich die Beschneidung um jeglichen politischen Interaktions- und Reflexionsraum, um jegliche politische Perspektive. In seinem vielleicht bisher bedeutendsten Drama, der *Wahren Geschichte des Ah Q*, arrangiert Hein das Experiment umgekehrt, indem er die politische Reflexion um jegliches Leben beschneidet.

Die wahre Geschichte des Ah Q
(Zwischen Hund und Wolf) nach Lu Xun

Die Weiterentwicklung der Dramenformen des sozialistischen Realismus hat auf dem gegenwärtigen Theater der DDR einen Umschlagspunkt erreicht, der Momente aufweist, die im weitesten Sinn als postmodern beschrieben werden könnten. Zahlreiche Dramen sind zur kritischen und zumeist komischen Resteverwertung jüngster Traditionen und gerade erst entthronter Ästhetiken übergegangen. An Stelle der vertrauten Strukturen von komischer, tragischer, didaktischer oder epischer Fabel bieten diese Dramen mehr oder weniger stringente oder chaotische, auf jeden Fall aber innovative Aneinanderreihungen von Szenen, die parabolische Figurationen, typologische Haltungen und bei einigen Autoren auch mythologische Konstellationen fragmentarisch zitieren und für neue Assoziationsräume zu erschließen versuchen. Diese Entwicklung können zum Teil die bereits diskutierten Dramen Heins illustrieren. Aber erst mit dem komischen Endspiel *Die wahre Geschichte des Ah Q* hat Hein eine ästhetische Grenze erreicht, an der die Aufhebung der adaptierten literarischen Form von ihr selbst zur Debatte gestellt wird.

In dem Maß, wie auch die Bühne der DDR zum Aktionsfeld radikal-reduktionistischer Experimente im Zeichen postmoderner Dekonstruktion geworden ist, kann es nicht verwundern, daß *Die wahre Geschichte des Ah Q* Heins bisher erfolgreichstes Stück ist. Der *Ah Q* fand am Deutschen Theater unter Alexander Lang eine vielbeachtete Uraufführung und stand in den letzten Jahren auf den Spielplänen mehrerer europäischer Bühnen. Obwohl es sich wieder um ein historisches Sozial- und Revolutionsstück handelt, erlauben seine fundamentalen, nahezu abstrakten Haltungen, Sprachfloskeln und Handlungen kaum noch eine historische Rezeption (weniger noch als die bewußt anachronistischen Versatzstücke des *Cromwell*), sondern scheinen eher auf die Parodie einer Parabel, einer Allegorie oder, wenn man will, eines modernen Mythos' zu zielen.[35] Dieser Eindruck

---

[35] Das Parabelhafte des Stückes betont bereits Kaufmann, 238. Vornehmlich bezieht er die parabolischen Momente des Stückes auf die Lethargie einer Bevölkerung, die es unbekümmert durch das Dach ihres Tempels regnen läßt, kritisiert allerdings, "daß das Verhältnis undeutlich bleibt, in dem das Handeln bzw. Nichthandeln der

verdankt sich vor allem der Fabel, die Hein von Lu Xun übernommen und seinen frei assoziierenden Dialogen als dramatische Struktur unterlegt hat. Heins reduktionistische Ausschlachtung der bewährten Kunstform zu anderen Zwecken filtert aus Lu Xuns realistisch-satirischer Fabel vom revolutionären Subjekt der chinesischen Landbevölkerung ein parabolisches Pathos, das in seinem Drama freilich eine Welt kommentiert, die keine Parabel mehr kennt. Diese kunstvolle Dissonanz, die das Wort der Heinschen Helden meist auf grotesk komische oder auch zynische Weise beherrscht, markiert die auffälligste ästhetische Innovation des Stückes, deren Kehrseite m. E. freilich auch als Symptom eines ästhetischen Verlustes beschrieben werden kann. Ich halte Heins Stück, nicht zuletzt aus kulturpolitischen Gründen, für bedeutend. Dennoch will ich anhand dieser dramatischen Bearbeitung einer modernen Fabel - mag das Drama selbst auch diesen Anspruch nicht erheben, und mag auch der Autor es vermutlich eher als Spielanlaß für ein konsequentes Zeitstück verstehen - die Gelegenheit ergreifen, einzelne Momente dieses Verlustes herauszuarbeiten, die darauf verweisen, daß die Moderne in dieser Dramatik letztlich nicht überwunden ist, sondern als Zitatenschatz und Reibungsfläche für eingegrenzte Zwecke dient, die sich nicht unproblematisch an ihre poetische Welthaltigkeit anlehnen. In Heins Stück kommt hinzu, daß die existentielle Erfahrung des AH Q in der Form der anders gearteten Erfahrung von Becketts Godot-Wartern auf die Bühne gebracht wird. Beide moderne Klassiker können ohne Zweifel Stichworte für die Gegenwartserfahrung der DDR liefern, beide verfügen aber darüberhinaus über eine potentielle Welthaltigkeit, die das politische Zeitstück nicht länger erreichen kann.

Lu Xuns kurze Erzählung, darüber wird man sich schnell einigen können, besteht vor allen denkbaren Maßstäben als großartige Prosa, deren

—

Figuren zu den Bedingungen steht, die Handeln ermöglichen, fordern oder aber ausschließen" (ebd. 239). Entsprechend schlägt er vor, "sich in der gegebenen Figurenkonstellation - auch in parabolischer Form - eine satirische Komödie der Situationsverkennung vor[zu]stellen, basierend auf der Verfehlung offen zutage liegender Chancen, die eigene Lage zu ändern. Auch eine Tragödie wäre denkbar, deren Grundlage die völlige Versperrung aller Möglichkeiten zu rettendem Tun sein könnte, so daß am Ende nur die Untat bleibt" (ebd.).

Bedeutung für die moderne chinesische Literatur und die politische Entwicklung Chinas in den zwanziger und dreißiger Jahren kaum überschätzt werden kann. Mit einer schwer beschreibbaren Mischung von auktorialer, ironischer Weitschweifigkeit und lakonischer satirischer Präzision (die selbst noch in der Übersetzung überrascht[36]) zeichnet Lu Xun ein so komisches wie sympathetisches und anklagendes Gemälde vom ländlichen Alltag des leidenden und Leid verbreitenden Menschen am unteren Ende der alten chinesischen Gesellschaft. Lu Xuns Prosa ist modern in dem Sinn, daß sie den russischen Realismus des späten 19. Jahrhunderts voraussetzt, und gestaltet doch noch den Stillstand des ewigen Kreisens der Zeit, einen leichtfüßig voranschreitenden, abenteuerlichen und doch scheinbar geordneten Kreislauf von Geschlechtern und Biographien. Daran vermag auch die thematisierte Revolution (von 1911) nichts zu ändern. Denn der politische Wechsel der Dynastien (im Rhythmus von Jahrhunderten oder auch Jahrzehnten) gehört selbst diesem Kreislauf an. Und sogar die innersten Emotionen des Helden sind ihm unterworfen: Fall, Aufstieg, erneuter Fall, großes Finale - die privaten Großmachtsträume des Individuums, die als Freiheitsträume an der Revolution partizipieren, die rebellische Sehnsucht nach Anarchie, die zugleich nichts weiter als der Wunsch nach dem Besitz des anderen ist.

Mit seinem Ah Q hat Lu Xun einen Menschentyp gestaltet, der einer ganzen Generation von Intellektuellen die soziale und mentale Situation auf dem Land als Ursache der hilflosen Erstarrung der chinesischen Gesellschaft in selbstgefälliger, rückwärtsgewandter Genügsamkeit entdeckte. Führt man sich vor Augen, in welchem Maß die Einsichten dieser Erzählung in der Strategie des Langen Marsches in politische Handlung umgesetzt wurden, so versteht man, daß Lu Xuns Erzählung ein literarpolitisches Phänomen darstellt, für das es zumindest in der deutschen Literatur keine Parallele gibt. Hinzu kommt, daß die innovative Aussage der Erzählung mit einer an der westlichen Moderne (was hier in erster Linie den russischen Realismus meint) orientierten Revolutionierung der narrativen Technik der chinesischen Prosa zusammengeht, die den *Ah Q* retrospektiv als "the cor-

---

[36] Ich benutze größtenteils die Übersetzung der *Selected Works of Lu Hsun* (Peking 1956), 1. Bd., 76-135. Auch Hein betont die Qualität dieser Übersetzung, vgl. *Theater der Zeit* 10 (1983): 54.

nerstone of modern Chinese realistic literature" erscheinen läßt.[37] Die chinesische Literaturwissenschaft sieht die einflußreiche narrative Innovation der Erzählung u. a. darin begründet, daß es Lu Xun gelingt, die alte chinesische Parabel und den modernen sozialen Realismus zu etwas Neuem zu verbinden.

> Not only has the author endowed his story with very high intellectual content, he has also created lifelike, vivid characters and situations. In his task of creating a type through characterization, he has delved deep into the complex social relations of life; thus his characterization is always subservient to typicalness, so that the ideas expressed through the types may not lose anything by characterization. At the same time, the characters are typical without becoming abstracted.[38]

In der Tat liegt der Reiz der Erzählung in hohem Maß in der Gleichzeitig- und Gleichwertigkeit von Typischem und Konkretem, die beide im selben Wort, in derselben Situation erstehen und eine einheitliche Welt evozieren. Lu Xun erreicht diese bestechende Erzählweise, indem er die gesamte Welt der Erzählung der Perspektive des Helden unterwirft, sie weitgehend in dessen soziotypischen und mental-ideosynkratischen Worten erzählt, gleichzeitig aber eine ironische, satirische oder gar mitleidige Distanz zum Helden und seiner Welt aufrecht erhält, die den Worten der Erzählung (als Worten von Held und Autor) ebenfalls eingeschrieben ist. Michail Bachtin hat diese Erzähltechnik am Werk Dostojwskijs im einzelnen aufgezeigt und betont ihre Bedeutung für die Prosa der Moderne. Besonders interessant in bezug auf Lu Xuns Erzählung ist Bachtins Beobachtung, daß das Hineinnehmen der Welt in das Selbstbewußtsein des Helden verhindert, ihn "zu einem stimmlosen Objekt einer in seiner Abwesenheit durchgeführten, seine Gestalt abschließenden Erkenntnis" zu machen.[39] Für Lu Xuns Ah Q gilt m. E., was Bachtin den Helden Dostojewskijs zuschreibt: "Sie haben alle

[37] Huang Sung-K'ang, *Lu Hsün and the new culture movement of modern China* [1957] (Westport 1975), 69.

[38] Feng Hsüeh-feng, "On 'The true story of Ah Q'," *The true story of Ah Q* by Lu Hsün (Peking 1953), 96.

[39] Michail Bachtin, *Literatur und Karneval: Zur Romantheorie und Lachkultur.* Hg. Alexander Kaempfe (München 1969), 98f.

ein lebhaftes Empfinden für ihre innere Nichtabgeschlossenheit, für ihre Fähigkeit, über jede verdinglichte und abrundende Definition ihrer Person gleichsam von innen hinauszuwachsen und sie dadurch zur Unwahrheit zu machen."[40] Lu Xuns *Ah Q* evoziert in diesem Sinn eine unabgeschlossene, aber einheitliche, wenn auch skeptisch beleuchtete Welt, die sich der intellektuellen Definition beunruhigend entzieht und dennoch einen Anspruch auf typische Zustandsbeschreibungen aufrecht erhält. Die Potenz dieser literarischen Welt ist für Bachtin unmittelbar mit den Möglichkeiten des Romans, i. e. den 'hybriden Konstruktionen des polyphonen Romans' verknüpft.

> Eine fremde ideologische Welt kann man nicht adäquat abbilden, ohne sie selbst zum Vorschein zu bringen, ohne ihr eigenes Wort zu erschließen. Denn das für die Abbildung einer spezifischen ideologischen Welt tatsächlich adäquate Wort kann nur ihr eigenes Wort sein, wenn auch nicht allein, sondern in Verbindung mit dem Autorwort. Der Romancier kann seinem Helden das direkte Wort sehr wohl verweigern, er kann sich darauf beschränken, lediglich Handlungen abzubilden, doch erklingt in dieser Abbildung durch den Autor, wenn sie das Wesen erfaßt und adäquat ist, unweigerlich zusammen mit der Autorrede auch das fremde Wort, das Wort des Helden selbst [...].[41]

Diese Ausführungen mögen genügen, um aufzuzeigen, welch hoher politischer und literarischer Anspruch sich potentiell dahinter verbirgt, wenn Hein ein Stück nach Lu Xuns *Ah Q* für die Bühne der DDR verfaßt. Zudem dürfte zumindest angedeutet sein, daß bei einem Vergleich der beiden Werke nicht zuletzt die Frage nach der Leistungskraft der beiden Gattungen zur Diskussion steht. Wenn man der Prosa der Moderne mit Bachtin die Leistung zugesteht, ihren Figuren eine 'nicht-abgeschlossene, nicht-verdinglicht definierte Welt' zu schaffen, so stellt sich allemal die Frage, ob das 'postmoderne' Theater diesen Anspruch aufrechterhalten kann.

Eine grundsätzliche Diskussion der Techniken, mit denen moderne Dramenformen, etwa das epische oder das absurde Drama, die Errungenschaften des polyphonen Romans zumindest in Teilen realisiert haben, muß

---

[40] Ebd. 99.

[41] Michail Bachtin, *Die Ästhetik des Wortes*. Hg. Rainer Grübel (Frankfurt 1979), 223.

hier ausgespart bleiben. Was freilich auch diese Dramentypen nicht kennen, sind hybride Konstruktionen wie die uneigentliche Erzählerrede, das 'im Innern dialogisierte Wort', das die Perspektive von Autor, Held und Erzähler (damit auch den vorausgesetzten Kontext des Lesers) gegeneinandersetzt.[42] Abgesehen von auktorialen Einschüben (wie sie etwa das Lehrstück bietet) oder gestischen und bühnentechnischen Signalen behaupten sich auf dem Theater stets nur das direkte Wort und Gegenwort der Charaktere. In einer Beziehung aber ist das Bühnen-Wort potentiell durchlässiger als das Wort des Romans, nämlich in bezug auf einen vorausgesetzten kollektiven Kontext des Publikums. Für das Drama (zumal für die konkrete Inszenierung) gilt, daß es den Kontext des *anwesenden* Publikums ganz anders und unter Umständen zwingender und direkter als der Roman in den eigenen Handlungsraum ziehen kann.[43]

Diese Möglichkeiten zum Dialog des dramatischen Wortes zwischen Bühnengeschehen und rezeptivem Kontext spielt Heins Adaption der chinesischen Fabel auf radikale Weise aus. Hein hat wiederholt darauf hingewiesen, daß für ihn jedes Stück, das heute geschrieben wird, ein Zeitstück über das Hier und Jetzt von Autor und Publikum ist, mag sein Inhalt auch historisch sein (vgl. Kapt. 2). Auch in diesem Drama geht es darum, mit dem fremden, historischen Material Momente des Hier und Jetzt aufzuzeigen. Dabei sind zunächst zwei vergleichende Perspektiven geläufig: Das Drama kann Parallelen zwischen der fremden Vergangenheit (incl. ihrer poetischen Formen) und der Gegenwart aufzeigen und bewerten, oder es kann die Gewinne und Verluste der Gegenwart an der überkommenen Form auflisten (vielleicht das Brechtsche Verfahren). Hein geht einen dritten Weg. Er borgt die Fabel der chinesischen Erzählung, ohne deren poetische Welthaltigkeit überhaupt nachgestalten zu können oder zu wollen. Die Fabel dient ihm lediglich als szenischer Rahmen für eine Rhetorik, die sich in Hinblick auf ihre historischen, sozialen und thematischen Bedingungen

---

[42] Vgl. Bachtin, *Die Ästhetik des Wortes*, 213.

[43] Ich stimme also nicht ganz mit Bachtin überein, wenn er die Kontextsensibilität der modernen Literatur als gattungspoetisches Spezifikum des Romans herausstellt. Vgl. Bachtin, "Die beiden stilistischen Linien des europäischen Romans," *Die Ästhetik des Wortes*, 251-300.

völlig aus ihm löst. Die Dialoge der Figuren sind nur noch nebenbei am diskursiven Aufbau des Bühnengeschehens beteiligt, in erster Linie richten sie sich über die Köpfe der Mitstreiter und den Bühnenrand hinaus direkt an die Zuschauer, auf deren zeitgenössische Denk- und Sprachgewohnheiten sie in allem angewiesen sind.

Hein sagt über den *Ah Q*: "Für mich ist eine strenge Struktur eine der Bedingungen eines Kunstwerkes. [...] Und die ist auch im AH Q vorhanden [...]. Alle Freiheiten sind mir im Grunde nur über eine sehr strenge Struktur möglich."[44] Die Frage ist freilich, ob sich im *Ah Q* die Fabel, die poetische Struktur überhaupt noch gegen den weitgehend abgekoppelten Dialog behaupten kann, oder ob sie als bloße Spielvorlage willkürlich, ambivalent und mehrdeutig im Sinn von undeutlich bleibt. Diesen Vorwurf erhebt Martin Linzer, der Alexander Langs Inszenierung quasi gegen das Drama selbst verteidigt. Er hält Langs konsequente "komisch ausstellende Interpretation" für einen "produktive[n] Weg, 'die Nichteindeutigkeit des Ah Q ein wenig eindeutiger' zu machen, soviel an Dunkel-Rätselhaftem auch für den Betrachter bleiben mag [...]."[45] Andreas Roßmann hält dagegen "eine härtere, kältere Lesart [...] als Langs heitere, clowneske, ja elegante Inszenierung [für denkbar], die die Theaterebene der Vorlage noch betont: Wiederholt werden die Szenen mit Teeny-Pop-Songs angehalten und Spielzüge demonstrativ ausgestellt [...]."[46] Es wird sicher Aufführungen geben, die weniger die clownesken als die zynischen Momente in den Vordergrund stellen, aber auch sie werden das Stück kaum zu mehr als zur Spielvorlage für kabarettistische Dialoge machen können. Damit ist das Entscheidende gesagt: Ich finde in Heins dialogisierter Auflösung und szenischer Ausschlachtung der Geschichte des Ah Q eine Tendenz bestätigt, die sich seit einigen Jahren in mehreren Dramenformen bis hin zur Unterhaltungskultur durchzusetzen scheint. Im amerikanischen Fernsehen z. B. nennt sich dieses Phänomen 'situation comedy'. Heins Drama gelingt zwar noch die Gestaltung einer erkennbaren Welt, und sei es nur einer visuellen, dialogischen

[44] *Theater der Zeit* 10 (1983): 55.

[45] Martin Linzer, "Ratespiel ohne Botschaft." *Theater der Zeit* 3 (1984): 54.

[46] Andreas Roßmann, "Die Revolution als Geisterschiff." *Theater Heute* 3 (1984): 53.

oder monologischen Stimmung, zu der der Zuschauer sich emotional und/
oder rational verhalten kann. Gleichzeitig realisiert er aber eine Bühnen-
form, in der die Fabel in erster Linie zur Umsetzung von direkt an das Publikum gerichteten witzigen Dialogen oder 'punch lines' genutzt wird.[47]

In Heins Stück lassen sich zahlreiche Szenen, Situationen, Haltungen
und rhetorische Floskeln aus Lu Xuns Erzählung wiedererkennen; aber sie
fügen sich kaum noch zu einem bühnenimmanenten Geschehen, das sie
poetisch positionieren könnte. Zitierte Momente wie der Stillstand des
Kreislaufs der Zeit oder die Stadien von Ah Qs Selbstbewußtsein gestalten
in Heins Drama keine poetische Welt, sondern dienen als thematische Kul-
minationspunkte eines alles beherrschenden intellektuellen Kommentars.
"Unverändert. Das gleiche Loch. Die Welt dreht sich, die Planeten wan-
dern, hier steht die Zeit still" (AHQ, 109). Diese Arbeit der Erläuterung
wird am stärksten einer Figur aufgebürdet, die Hein eigens dazu erfunden
hat: Einer von Ah Qs Konkurrenten auf dem Markt der Gelegenheitsarbei-
ten und dem Schlachtfeld krudester Hackordnungen, 'Ringworm Whiskers
Wang', wird von Hein zum Intellektuellen der Revolution, 'Krätzebart
Wang', befördert - genauer, zum Paradox eines chinesischen Weisen der
europäischen Revolutionen.[48] Damit verschiebt sich das ganze Unterneh-

---

[47] Zur Bedeutung dieses Phänomens in der DDR vgl. Manfred Jäger, "Eine
passende Mütze für die achziger Jahre? Kabarettistische Repertoirestücke als
theatralische Mischform." *Dramatik der DDR.* Hg. Ulrich Profitlich (Frankfurt 1987),
203-219.

[48] In Brechts *Turandot oder Der Kongress der Weisswäscher* gibt es einen Tui
(Tellekt-uell-in) Wang, den Schreiber der Tui-Schule. Man wird die Bedeutung von
Brechts *Turandot* so wie der Fragmente des *Tui-Romans*, die beide ein Paradigma vom
Versagen der Intellektuellen in der Weimarer Republik entwerfen, für die Intellek-
tuellen-Dramatik der DDR kaum überschätzen können. Gleichzeit wird gerade im *Ah Q*
deutlich, wie weit sich die Fragestellungen in den achtziger Jahren bereits verschoben
haben. In Brechts *Turandot* ist Wang der einzige Tui, der sich ins Lager des Revolutionärs Kai Ho aufmacht, bald gefolgt vom Bauern She, der im Alter zu Studienzwecken zu
den Tuis gekommen ist, deren Misere besichtigt und als einziges Wissensgut schließlich
die revolutionäre Schrift des Kai Ho erwirbt. Bei Hein ist Wang gewissermaßen der
letzte überlebende Tui im bereits zerfallenen Tempel des Kai Ho, dessen Weisheit der
Zeit ebenfalls nicht standgehalten hat, und in dessen Reich sich die Tui-Problematik auf
einer veränderten Ebene fortsetzt bzw. fort-diskutiert wird. Vgl. Bertolt Brecht,
Turandot oder Die Weisswäscher. Der Tui-Roman (Fragment) (Frankfurt 1967), bes. 108-
118.

men zum grotesken Ideendrama, zum dialogisch geführten Ballspiel ideologischer Weisheiten, Sprüche, Hoffnungen und Paradoxien. Auf diese Weise kann Hein ohne Mühe DDR-spezifische Themen ansprechen lassen - häufig mit paradoxem Witz, der in erster Linie auf die sprachliche Entlarvung aktueller Denkklischees zielt, die freilich erst von Hein selbst als erkennbare Anachronismen aus dem Sprach- und Ideenkatalog der DDR eingebracht werden. In Lu Xuns Erzählung kommen Begriffe wie Leben, Wahrheit, Lebensaufgabe, Dialektik etc. allenfalls im ironischen Erzählerkommentar über die Bildungskasten der konfuzianischen Verwaltungshierarchie vor. Philosophie ist hier ein System geordneter Unterdrückung, dem sich alle, vor allem aber die Nichtwissenden (die 'Nichtexaminierten') vom Schlage eines Ah Q begrifflich unterwerfen. Bei Hein sind Ah Q und Wang, aber auch alle Nebenfiguren selbst in die Kaste der Philosophen aufgerückt. Sie leben nicht, sondern diskutieren das Leben und können eben darum keine Ahnung mehr davon vermitteln.

> Es ist unbegreiflich. [...] Wie ein Verhängnis. [...] Da ist man zur Welt
> gekommen, hat seine Bestimmung, seine Aufgabe, und was tut man?
> Man richtet sich zugrunde. Die einen mit Alkohol, die anderen mit
> Denken. Das Ergebnis ist in jedem Fall das gleiche: ein zerfranster
> Verstand, tauglich, um Fliegen zu fangen (AHQ, 121).

"Leben, das ist etwas ganz anderes, als ihr seid. Es ist schön - wie eine Frau. [...] Früher wußte man, was das ist, Leben. Dann hat man es vergessen" (AHQ, 113). Der verbale Aktivismus dieser in lähmender Lethargie erstarrten Revolutionsphilosophen ist verzweifelt und richtungslos: "Trotzdem, dem Schicksal eine in die Fresse. [...] Dem Verhängnis ein Tritt in die Eier" (AHQ, 84).

Krätzebart und Ah Q führen in ihren desperaten, komischen Dialogen einen grundlegenden Widerspruch vor: Ihre fragmentarischen, im chinesischen Kolorit verfremdeten Denk- und Sprachklischees, in denen sie sich als Subjekte der revolutionären Geschichte zu behaupten suchen, stehen in groteskem Verhältnis zum lethargischen Erleiden ihres entwürdigenden Alltags. Während sie eine kleine Feier mit Schnaps und Zigarren, zu der auch ihre konkreten Gegner, der Tempelwächter und der Polizist Maske, erschienen sind, veranstalten und von der Revolution träumen, hat diese ihr Dorf erreicht und passiert ohne ihre empfindsamsten, gebildetsten und enthusiastischsten Anhänger.

> AH Q Hörst du, Krätzebart? Eine Revolutionspartei. Ich frage mich, wieso man vergaß, uns einzuladen. Wieso man es wagte, uns zu vergessen. WANG Ignoranten. AH Q Man wollte uns kränken. WANG Dilettanten. AH Q Man wollte uns provozieren. WANG Arschlöcher. AH Q Man hat es gewagt, den grossen Gelehrten Krätzebart Wang zu vergessen. Von mir will ich nicht reden. [...] WANG Wer kennt sie schon, diese Revolutionspartei. Sind es wahrhafte Revolutionäre, Anarchisten wie wir? Oder sind es Opportunisten? [...] WANG Die Geschichte liebt Sprünge. Dialektik. Vom Niederen aufsteigend zum Höheren und abfallend ins Triviale. AH Q Ah ja. WANG Logik und Metalogik. Aus a folgt non a. Aristoteles, Pascal, Oxford. Hier Weltgeist, dort Paperback. Das Gedächtnis der Toten. AHQ Ich verstehe. WANG Die Scheinfrage der Wissenschaft: Sein oder Nichtsein. Du kannst siebzig Jahre darüber nachdenken, und wenns hochkommt achtzig, dann ist diese Frage für dich entschieden. AHQ Das Ei des Kolumbus. Der Horizont hellt sich auf. WANG Ich bin völlig erschöpft (AHQ, 123-126).

Schließlich werden die traurigen Helden der Revolution von der revolutionären Macht (es handelt sich um die alten Machthaber mit neuem Titel) beseitigt. So bleiben die Subjekte der Revolution, Krätzebart, der 'Intellektuelle', und Ah Q, der 'klassenbewußte Prolet', die Clowns und Opfer der Macht. Diese szenische und figurative Konstellation macht den Kern der komprimierten Restfabel des Stückes aus, die von einem entsprechend disponierten Publikum natürlich direkt und ausgesprochen komisch auf Kontexte der DDR appliziert werden kann.

> Revolutionen werden gemacht, sie sind keine Umwälzungen, sondern nur Wiederholungen der alten Machtstrukturen mit anderen Vorzeichen. Die Menschen, die auf sie warten, werden von ihnen überrascht, im besonderen Fall sogar im Schlaf, aber auch das ist egal, denn das Warten war umsonst, es hört nicht auf.[49]

Frank Hörnigk ist einer der wenigen DDR-Kritiker, die einräumen, daß solch eine Rezeption möglich ist, verweist aber zugleich auf die rezeptions-

---

[49] Frank Hörnigk, "Die wahre Geschichte des Ah Q' - ein Clownsspiel mit Phantasie." *DDR-Literatur '83 im Gespräch*. Hg. Siegfried Rönisch (Berlin, Weimar 1984), 236.

ästhetischen Grenzen dieser Gattung.

> Für die Lebenswirklichkeiten von Lesern, Zuschauern und Kritikern, wenn sie sich über das Theater, die Literatur allein die Erkenntnis ihrer wirklichen Mitbetroffenheit erlauben, bleibt solcherart 'ungebührlicher' Blick allerdings mit Notwendigkeit fremd, die Chance zur Rückübersetzung der satirischen Negativität in die eigene Lebenswirklichkeit geht verloren. Dennoch wird man den Text ohne Zweifel auch so lesen können.[50]

Tatsächlich durchkreuzt Hein den revolutionsspezifischen Kontext der Szene mit so vielen parallelen und gegenläufigen Fragmenten aus Lu Xuns Erzählung, daß es schwer fällt, 'eigene Lebenswirklichkeiten' länger und tiefer als im Moment des Lachens zu realisieren.

Dahinter verbirgt sich ein grundsätzliches formales Problem des Stückes. Denn Heins teils durchaus originelle Neuordnung des Revolutionsstücks zum Kabarett verzichtet nicht darauf, das Szenario der epischen Haltungen, Situationen und Kommentare aus Lu Xuns Erzählung aufrechtzuerhalten. Dem vergleichenden Blick muß dabei auffallen, in welchem Maß selbst kleinste Details, Wortprägungen, Sätze und Gesten von Lu Xun übernommen sind; nämlich in einem Umfang und einer Beliebigkeit, die bereits andeuten, daß Heins Stück kein poetisches Verhältnis zu Lu Xun und seiner Kunst, sondern einzig zu seiner eigenen Zeit sucht. Dabei stellt sich die Frage, ob Lu Xuns Erzählung dennoch nicht auch zu Heutigem mehr als Heins Drama zu sagen hat.

Einige Beispiele sollen diese Thesen konkretisierend erläutern. Beginnen wir mit dem Untertitel des Stückes, 'Zwischen Hund und Wolf', dessen enigmatisches Pathos einer Parabel wohl würdig wäre.[51] In Lu Xuns Erzählung *Das Tagebuch des Verrückten*, die mit dem Konfuzianismus als 'menschenfressendem System' abrechnet, heißt es: "Die *hyena* ist eine Verwandte des Wolfs, der Wolf wiederum gehört zu derselben Familie wie der

---

[50] Ebd. 237.

[51] Das Bild ist in der DDR-Literatur auch als Metapher des realen Sozialismus im Dazwischen des Übergangs gesellschaftlicher Systeme bekannt. Christa Wolf schließt in ihrer Erzählung *Der geteilte Himmel* ein Kapitel, das die Heldin Rita in den nächtlichen Einkaufsstraßen West-Berlins zeigt, mit dem Satz: "Es war die Stunde zwischen Hund und Wolf." Christa Wolf, *Der geteilte Himmel*. 22. Aufl. (München 1988), 184.

Hund."[52] In der Tat bezeichnet dieses Bild auch das Verhältnis von Lu
Xuns Ah Q zu seiner Welt, ohne daß es als Metapher behauptet werden
müßte: eine Hyäne unter Hyänen, die gern Wolf oder Hund sein wollen.
Wenn Lu Xun seinem Ah Q sowohl einen Hund als auch einen Wolf über
den Weg schickt, so spielt er selbst bereits mit einem zitierenden Verweis
auf seine erste bedeutende Erzählung. (Das Zitat ist ja keine Erfindung
postmoderner Kunstformen.) Ein fetter schwarzer Hund vertreibt Ah Q aus
dem 'Convent of Quiet Self-improvement'. Auf dem Weg zu seiner Hinrichtung bedrängt ihn die Erinnerung an eine vier Jahre zurückliegende Begegnung mit dem Wolf. "And now he saw eyes more terrible even than the
wolf's: dull yet penetrating eyes that seemed to have devoured his words
and to be still eager to devour something beyond his flesh and blood."[53] Bei
Hein dagegen muß der symbolische Stellenwert des Bildes in den Titel aufgenommen werden, denn auf seiner Bühne stellt er sich nicht mehr her, ist
er selbst als Zitat (es wäre ja auch das Zitat eines Zitats) nicht länger
erkennbar. "Ausräuchern werden wir euch Lakaien. Euch Hyänen" (AHQ,
89). Man tut gut daran, auf den Kommentar des Autors zurückzugreifen,
um zu verstehen, wie dieses 'Zwischen Hund und Wolf' intendiert ist. Heins
Interesse an der Figur Ah Qs gilt dem "Vertreter einer Zwischenschicht."[54]
Allerdings meint diese Schicht

> nicht mehr die Dorfarmut, wie bei Lu Xun, sondern die Intelligenz.
> Da ist ja vielleicht eine vergleichbare Haltung zu finden. [...] Die chi-
> nesische Dorfarmut war in Mitteleuropa immer die Intelligenz. [...]
> Aber wie in der Novelle bleibt Ah Q auch im Stück von jener Merk-
> würdigkeit, zwischen den Interessen dahinzuschwimmen. Einer, der
> sich mal den einen, mal den anderen ein wenig anschließt, ohne
> irgendwo richtig zu Hause zu sein [...].[55]

[52] Lu Xun, "Das Tagebuch des Verrückten," *Hoffnung auf Frühling. Moderne
Chinesische Erzählungen* (Frankfurt am Main 1980), 30f.

[53] Lu Hsun, "The true story of Ah Q." *Modern Literature from China.* Hg. Walter
J. Meserve (New York 1974), 66.

[54] *Theater der Zeit* 10 (1983): 54.

[55] Ebd.

Von ihrem Selbstbewußtsein her haben Wang und Ah Q natürlich eine klare Vorstellung von ihrem Interesse, es gilt der Revolution. Nur hat deren Realität nichts mehr mit ihren Idealen und Hoffnungen zu tun. Um den Zustand des 'Dazwischens', des lähmenden Wartens auf einen illusionären intellektuellen Fluchtpunkt (der natürlich an Becketts *Godot* erinnert) politisch und psychologisch zu entfalten, brauchte das Stück freilich mehr, als den bloßen Namen der Revolution. "Beim *Ah Q* noch mehr als etwa beim *Lassalle* ist die Revolution kaum mehr als ein Geisterschiff. [...] Wir haben hier viel weniger als in der Lu-Xun-Geschichte tatsächliche Anhaltspunkte dafür, daß da irgendetwas stattgefunden hat. Es hat irgendwie etwas Aufruhr gegeben im Dorf, aber im Stück bekommen wir keine Sicherheiten."[56] Einerseits braucht Hein die Revolution nicht, da es um Haltungen geht, "die nur bedingt von Revolutionen tangiert werden."[57] Andererseits will er die Revolution sehr konkret verstanden wissen, analog der chinesischen Revolution von 1911, die Lu Xun thematisiert:

> eine Revolution, die nichts verändert. Da findet tatsächlich kaum etwas statt, nur die Nomenklatur ändert sich. Viel mehr ist das nicht. Und insofern wäre das genaugenommen nicht einmal ein Zusammentreffen dieser Figuren mit der Revolution, sondern mit einer, sagen wir's freundlich: einer sehr eingeschränkten Revolution; nicht so freundlich formuliert: einer degenerierten.[58]

Ich glaube schon, daß diese Analogien, die vor dem Hintergrund der DDR-Geschichte ja von großer Brisanz sind, möglich sind. Allerdings werden sie im Drama selbst lediglich angedeutet und kaum entfaltet, nicht einmal in dem Maß, wie sie sich bei der Lektüre von Lu Xuns Erzählung selbst einstellen können.

Das 'Dazwischen' heißt für die Poetik von Heins Stück, daß sein Ah Q ein Vagabund ohne faßbare Welt und darum selbst kaum faßbar ist, soweit nicht die konkrete Inszenierung oder das Publikum diese Welt für sich konkretisieren. Handlung und Dialog setzen konsequent auf Typik, und doch verlieren die Figuren an ihr. Denn auch das Typische gibt sich nur in

[56] Ebd.

[57] Ebd.

[58] Ebd. 56.

konkreten Welten zu erkennen. Zum Teil stößt Hein hier auf Grenzen der gewählten Gattung.[59] Bei Lu Xun kann gerade die fundamentale Kommunikationslosigkeit der am Rande der kleinen Machtzentren herumstreunenden 'Hyänen' im stellvertretenden Hauen und Stechen der alltäglichen Auseinandersetzungen die beschädigte Seele hervorkehren. Auch bei Hein heißt es an einer Stelle: "Nur keine Vertraulichkeiten" (AHQ, 111). Der Dialog, der die Bühne und die Figuren beherrscht, ist aber von einer geradezu utopischen Vertraulichkeit, muß es sein, da er nur so die intellektualisierte Ebene erreichen kann, die Heins Stück braucht.

Alle typologischen Haltungen und Situationen, die sich bei Lu Xun herstellen, müssen bei Hein als solche auf der Bühne begrifflich behauptet werden; was nicht leicht ist, denn hat man die Begriffe, so braucht man (Hein zufolge) die Kunst nicht. So wird das Stück zu einem Sammelpunkt überkommener Begriffe, die auf die Probe der Kunst gestellt werden und von denen doch zunächst nur auffällt, daß sie Heins Bühne nicht loslassen. Freilich weiß Hein um diese Struktur seines Stückes und läßt sie von Wang als Kern seiner Lebensgeschichte beschreiben. "Als ich vierzehn war, besaß ich ein Kontorbuch, in dem ich Lebensweisheiten eintrug. [...] Damals besaß ich über dreihundert Lebensweisheiten. Heute besitze ich nicht eine mehr" (AHQ, 92).

Ah Q und Wang sind Angestellte der DDR. Ihre Dialoge erinnern bisweilen an Brauns Hinze und Kunze. Aber auch das muß uns von den Figuren selbst in einer Szene, die den Spielraum der Bühne durchbricht, erzählt werden, sonst wüßten wir es nicht. Ah Q ruft ins Publikum:

> Wir spielen schließlich Szenen aus der Welt der Angestellten. Das sollte sie interessieren. [...] Gestern war ich ein ordentlich angestellter Angestellter. Mit Bürostunden und Vesperzeit. Mit Rechnungsbogen, Posteingangsstempel, Postausgangsstempel, einem dienstlichen Klo-

---

[59] Hein selbst deutet das an, wenn er zur Erklärung des Stückes auf seine Novelle *Der fremde Freund* verweist. "[...] ich habe diese Fassung des *Ah Q* unmittelbar nach dem *Fremden Freund* geschrieben, und der *Ah Q* ist für mich die Dramatisierung des *Fremden Freundes*, aber das kann wohl kein anderer verstehen. [...] Soviel nur, um die enge Sicht auf den *Fremden Freund* etwas aufzulockern und möglicherweise die Nichteindeutigkeit des *Ah Q* ein wenig eindeutiger zu machen. Ja, die beiden Sachen werden ganz verschieden gesehen, aufgenommen; aber für mich gibt es sehr viele Beziehungen." Ebd.

schlüssel. [...] WANG Ja, die Angestellten. AH Q Unsere Botschaft
soll ihr Herz erreichen und erweichen. WANG Ich spekuliere mehr
auf einen Mäzen. [...] AH Q Eine kühne Vison. WANG Die tapferen
Träume unserer Kinderjahre (AHQ, 126f.).[60]
Vom Kommentar der gattungspoetischen Intention zum Angestellten einer
verstaatlichten Gesellschaft und wieder zurück zur Legitimitätsfrage der
Kunst und das alles auf einmal: die assoziative Breite dieses intellektuellen
Ballspiels macht die Qualität von Heins Stück aus. Der Staat beschäftigt
neben den Intellektuellen auch noch andere Angestellte, deren anachronistische Spiegelbilder aus Lu Xuns Erzählung übernommen werden, z. B.
den Tempeldiener und den Polizisten Maske als Lakaien der Macht: "Aber
nein, er scharwenzelt um den gnädigen Herrn, leckt dem Ausbeuter den
Arsch. [...] Du und dein Pfaffe. Rom und die Inquisition. Alle ihr bigotten
Speichellecker" (AHQ, 88).

In Lu Xuns Erzählung tritt Ah Q als krimineller Geschäftsmann auf
und erlebt als solcher den Höhepunkt seiner Karriere, so daß schließlich
sogar die mächtige Familie Chao Interesse für ihn entwickelt. Das geschieht
auch bei Hein, wird allerdings dahingehend verkürzt zitiert, daß nicht mehr
erkennbar bleibt, in welchem Maß das Interesse am anderen ein Interesse
an dessen Waren ist. Entsprechend ist auch Heins Zitat von der Ausrau-
bung des 'gnädigen Herrn' und damit der gesamte Komplex der Verurteilung und Hinrichtung des unschuldigen Ah Q dahingehend verkürzt, daß es
lediglich Assoziationen auf die Psychologie der Wut des Ohnmächtigen erlaubt. "Mit einer Stahlpeitsche werd ichs dir geben" (AHQ, 116), diese Ver-
se einer chinesischen Desperado-Oper singen auch Heins Angestellte auf
dem Weg zur Hinrichtung.

Was dabei ausgespart wird und was dem Hyänenleben erst Farbe und
gesellschaftliche Konkretisierung gäbe, ist die Faszination der Ware, die bei
Lu Xun die Emotionalität von Geschäft und Politik dominiert. Bei Hein
taucht sie allenfalls im Negligé wieder auf, mit dem Ah Q die Nonne ver-
führen will, wird da aber der Geschlechterproblematik untergeordnet. Und

---

[60] Hein spielt hier offenbar auch mit eigenen Theoremen. Vgl. die oben disku-
tierte Problematik eines Staates von Angestellten im *Schlötel* und die Forderung nach
einem sozialistischen Mäzenatentum in Heins Rede auf dem 10. Schriftstellerkongreß
der DDR, "Literatur und Wirkung," 246f.

auch diese selbst bleibt bei Hein trotz hinzuerfundenen Momenten wie Vergewaltigung und Totschlag abstrakt bzw. wird mit der Psychologie eines ohnmächtigen Terrorismus verschränkt. Lu Xuns Ah Q streichelt der Nonne den kahlgeschorenen Schädel und läuft tagelang mit samtenen Fingern herum und, als könne er fliegen, bis er eine Magd seines Brotgebers anspricht und daraufhin aus dem Haus geworfen und für Monate von den Dorfbewohnern geächtet wird. Bei Hein werden diese zentralen Emotionen in zwei Sätzen zitiert, die die Wut der Machtlosigkeit mit der Gewalt der sexuellen Entwürdigung verknüpfen. "*Ah Q reißt ihren Nonnenschleier herunter und streichelt ihren Kopf*" (AHQ, 97). "Maria Martha Martirio. Das klingt wie ein Atmen. Wie ein Vogelflug" (AHQ, 98).

Unmittelbar mit dem Gefühl des Fliegens hängen bei Lu Xun das durchgängige Hochgefühl Ah Qs und die Bewußtseinstricks zusammen, die ihm erlauben, seinen Stolz trotz Hungers und körperlicher Niederlagen zu behaupten. Diese mentalen Siege Ah Qs, die ihn in die Lage versetzen, selbst das größte Elend konsequenz- und rebellionslos zu ertragen, machen den Kern von Lu Xuns Erzählung aus. Denn sie konkretisieren den Zustand der ganzen Nation, die ihre ökonomische und politische Rückschrittlichkeit hinter dem feierlichen Bewußtsein ihres kulturellen Erbes und ihrer vermeintlichen geistigen Überlegenheit verschleiert.

> It was Lu Hsün's intention to lay bare the weakness of the subdued peasants, who used the device of their 'spiritual victories' as an escape. As in a mirror, he reflected the much deeper, broader and more serious weakness of the Chinese people in their refusal to face up to the realities of life, their own defects, and the danger confronting their country. Through exposing the 'national failings' he hoped that a remedy might be found in time to save the nation from the consequences of its conceived feeling of moral superiority over foreign countries - a feeling it harbored in spite of its helplessness in the face of their aggression.[61]

Es liegt auf der Hand, daß sich hier faszinierende Parallelen bieten; zumindest dürfte es dem Leser von Lu Xuns Erzählung nicht schwer fallen, diese Zusammenhänge von kompensierender Verkennung individueller und nationaler Schwächen auf sich selbst und sein Hier und Jetzt zu beziehen. Bei Hein wird die Technik der 'mentalen Siege' als rhetorische Trope zitiert, al-

---

[61] Huang Sung-K'Ang, 59f.

lerdings auf eine Weise, die das Aussagepotential der Erzählung eher verkürzt als neu eröffnet. Wird Lu Xuns Ah Q als Hund beschimpft, pflegt er zu kontern: ein Insekt, weniger als ein Insekt, und schleicht sich mit blauem Rücken, aber im Gefühl unerreichter geistiger Würde davon. Bei Hein sagt nicht Ah Q, sondern ausgerechnet der Tempelwächter unvermittelt von sich "Eine Ratte oder weniger" (AHQ, 102), ohne daß der fundamentale Zusammenhang der Überlebenstechniken des 'Hyänen'-Bewußtseins damit auch nur angedeutet sein könnte. Was an analytischer Aussage bleibt, ist die freilich ohnehin vorausgesetzte Einsicht, daß alle Figuren des Stückes Opfer der Verhältnisse sind: Wang und Ah Q in ihrem illusionären Traum von der Revolution, die sie debattierend verschlafen; der alte Tempelwächter, der den Vagabunden zynisch und anspielungsreich die gesellschaftlichen Werte (wie Arbeit, Gesundheit, Sport und Disziplin) anträgt, die sein Leben ruiniert haben; die Nonne, in ihrer Wahl zwischen Negligé und Himmel; der Polizist "Maske, der ja fast alles hinter sich hat, der von sich nur erwartet, gut zu funktionieren. Vielleicht, weil er am schlimmsten vergewaltigt wurde, jedenfalls mit dem schlimmsten Ergebnis."[62]

Als intellektuelle Problematik verschränkt Hein den Komplex des mentalen Siegesbewußtseins mit der erhebenden Funktion des Traums von der Anarchie. "Wie schön. - Ich bin gern Anarchist. Ich habe soviel Haß in mir. Gegen alles. - Es lebe die Anarchie. [...] Es ist so schön. Es erleichtert mich irgendwie. [...] Ja. Wenn ich es nochmal rufen dürfte, ich glaube ich wäre glücklich" (AHQ, 90f.). Die Berufung auf die Anarchie bekommt hier die Funktion, die das geistige Erbe bei Lu Xun für die alte Klasse der chinesischen Intellektuellen hat. Ich halte diese Parallele für das stärkste inhaltliche Moment in Heins Drama. Denn es stimmt zugleich komisch und nachdenklich, den Traum von der Anarchie auf diese Weise in seiner historischen Aporie und modernen Verkommenheit verkündet zu hören. Dabei beschwört Heins Ah Q eine grundsätzlich andere Anarchie als die, die Lu Xuns Ah Q lebt. Der Ah Q der DDR berauscht sich nurmehr am bloßen Begriff der Anarchie, und vielleicht ist es diese lebens- und politikuntüchtige, intellektualisierende Verkümmerung, die Heins szenische Transformation der sozialen Geschichte der Revolution zum Ideendrama insgesamt spiegelt. Hein selbst will die antizipatorische Lust an der Anarchie eng mit

---

62 Hein, *Theater der Zeit* 10 (1983): 56.

der Wut zur Zerstörung verbunden wissen. "Aber ich glaube schon, daß die 'europäische Art' der Verarbeitung von Niederlagen eine etwas andere ist. Eine, wie die Begriffe eben lauten, 'Trauerarbeit' oder 'Lust an der Katastrophe'."[63] Im Stück wimmelt es von verbalen Haßausbrüchen der Helden, die auf lakonische Weise die Gewalt von Ordnung, Revolution, Anarchie, Faschismus und Terrorismus problematisieren. "WANG Von der Erde werden wir euch fegen. Ertränken im heiligen Blut der Revolution. Die Feinde der Freiheit, die Feinde des Volkes, wir werden sie zerschmettern wie - AH Q *behilflich:* Wie junge Katzen. Mit dem Kopf gegen die Mauer" (AHQ, 88f.). "MASKE Natürlich, Gewalt muß sein. Das Volk gehorcht nicht. WANG Auch Gesetze sind Anarchie. Alles Anarchie, mit Gesetz oder ohne. Alles Gewalt. Der Unterschied ist, wir sind ehrlicher, betrügen das Volk nicht. [...] Dummköpfe, Ignoranten. Was für ein Volk. Wenn ich wenigstens Sprengstoff hätte" (AHQ, 133). Ich bin mir dennoch nicht sicher, ob die Technik des 'mentalen Siegesbewußtseins', wie Lu Xun sie an seinem Dorfvagabunden entwickelt, nicht auch für die Intelligenz Europas von weit größerer Aktualität und Brisanz ist, als die Wut zur Zerstörung oder der verkommene Traum von der Anarchie - zumal Lu Xun auch den Zusammenhang von Haß und Revolte weit eindringlicher gestaltet.

> Revolt? It would be fun [...]. Then all those villagers would be in laughable plight, kneeling down and pleading, Ah Q, spare our lives.' But who would listen to them! The first to die would be Yound D and Mr. Chao, then the successful county candidate and the Imitation Foreign Devil [...]. Things... I would go straight in and open the cases: silver ingots, foreign coins, foreign calico jackets. [...] first I would move the successful county candidate's wife's Ningpo bed to the temple, and also [...].[64]

Auch Heins in wenigen Wortspielen angedeutete Spiegelung der Niederlage des Intellekts der Revolution vor ihrer Geschichte setzt Lu Xuns Erzählung im detail voraus. Was kann man z. B. (etwa über deutsche Ausländerfeindlichkeit hinaus) mit Ah Qs Zitat der "ausländischen Teufel" (AHQ, 130) anfangen, wenn man Lu Xuns bestechende Figur des zopflosen Revolutionärs 'Imitation Foreign Devil' nicht kennt. Wieder legt die Lektü-

---

[63] Ebd. 54.

[64] Lu Hsun, 54f.

re der Erzählung selbst deutlichere Parallelen zu aktuellen Einstellungen und Emotionen nahe, u. a. zum Verhältnis der DDR-Bürger zu ihrer importierten Revolution.

Ein letztes Beispiel: Wie soll man Ah Qs unvermittelten Verbrüderungsversuch mit der Macht - der Satz "Alle Menschen sind Brüder, also sind alle verwandt" (AHQ, 101) trägt ihm 60 Peitschenhiebe ein - mit irgendwelchem Leben füllen, das über die Ebene der witzigen Anspielung auf Paradoxien realsozialistischer Ideologien hinausgeht, wenn man das erste Kapitel von Lu Xuns Erzählung nicht kennt. In diesem einleitenden Kapitel umreißt der Erzähler in einem langen Kommentar zu Ah Qs Namen, Geschlecht und Herkunft, der fast unmerklich in die Geschichte selbst übergleitet und von Gerüchten berichtet, daß Ah Q sich dem Herrn Chao als Verwandter vorgestellt habe, den Universalitätsanspruch seines Helden, dessen Ah Q-ismus sich eben nicht auf die 'Dorfarmut' oder die 'Intelligenz' beschränkt.

Der Versuch, Heins Stück als Spielanlaß für eine 'situation comedy' vor aktuellem Kontext zu beschreiben, wird von den spärlichen Regieanweisungen und Heins Vorschlägen für das Bühnenbild bestätigt. Wang und Ah Q leben im großen Winter. Sie vegetieren auf nassen Matratzen in einem Schutztempel mit löchrigem Dach, durch das Schnee und Kälte dringen. Das Bühnenbild skizziert sie als arbeitslose und auch arbeitsscheue Freigänger: Tagsüber treiben sie sich auf der Straße herum, nachts werden sie im Schutztempel eingeschlossen. Die Anspielungen sind deutlich und witzig: "WANG Die Stunde meiner Bestimmung sollte mich bereit sehen. Das ist vorbei. AH Q Ja, diese Stunde sieht uns eingeschlossen. [...] WANG Danken wir dem Schicksal, daß es uns in dieser Stunde eingeschlossen hat. Wir sind in Sicherheit" (AHQ, 93). Die Helden 'dürfen' im Schutztempel leben, weil sie den Auftrag haben, ihn zu reparieren; und in der Verweigerung dieser Aufgabe liegt ihr kleiner, sabotierender Triumph. "Soll dein Tempel zerfallen. Habt lange genug auf uns herumgetrampelt" (AHQ, 88). Schon diese Sätze können zeigen, daß das Assoziationspotential, das Hein entwickelt, keineswegs harmlos ist. Es finden sich darüber hinaus isolierte und im fremden Kontext der Fabel auffällig deplazierte Sätze, deren Spiel mit Vorurteilen und Klischees aus dem Kontext der DDR von äußerster Brisanz ist. Um auch davon einige Beispiele zu geben: "Man zerstört das Wenige, was man besitzt. Wie die Vandalen. Die asiatischen Barbaren. Keine Kultur, keine Vernunft" (AHQ, 90). "Unsere Träume holen uns überall ein. Warum davonlaufen. Schlaf jetzt" (AHQ, 120). "Man hätte den gnädigen Herrn beizeiten - und wenn ich beizeiten sage, meine ich auch beizeiten - in seiner eigenen Scheiße ersticken sollen" (AHQ, 126). "Revolutionäres Kloster zur unbefleckten Empfängnis, so heißen wir jetzt" (128). "Du packst, Krätzebart? Willst du verschwinden? Es heißt, vor der Revolution soll keiner davonlaufen. WANG Was für eine Revolution?" (AHQ, 134). Man bekommt den Eindruck, daß Hein in diesem Stück den (kabarettistischen) Ehrgeiz entwickelt, sich so ziemlich alles von der Seele zu schreiben, und es ist schon eine erstaunliche Leistung, daß ihm das auf eine Weise gelingt, die erlaubt hat, das Stück in der DDR über Jahre auf dem Spielplan zu halten. Andererseits hieße das auch, daß die poetische Fabel des Ah Q aus dieser Sicht vor allem der kunstvollen Ermöglichung und gleichzeitigen Verschleierung von direkten politischen Sentenzen dient – also ein Verlust an Poesie in Zeiten der Not, der laut Hein (vgl. Kapt. 1) bisweilen unabdingbar ist.

Erich Loest hat in seinem Roman *Zwiebelmuster* herbe Kritik an dieser Art komischer 'allusions politique' formuliert. Während einer Aufführung des Heinschen Stückes (am Deutschen Theater) steigt in Marion (der durchweg positiv gezeichneten Tochter des Romanhelden) "Zorn auf":

> da amüsierte sich das Völkchen auf Kosten der Spinnereien der Alten da oben, delegierte es Unbehagen und Ärgerlichkeit, feixte auf Kosten der zerlumpten Kerle über eigenes Versagen, war feig und schluckte alles, so wie ihre Freunde und sie den Hohn der Polizei hatten ertragen müssen [...]. Das hier war Gequatsche über sogenanntes Leben, das Leben selbst spielte sich ganz anders und woanders ab [Das weiß Wang freilich selbst]. Nun ja, ob es diese Aufführung gab oder nicht, war ohne Belang. Die meisten Besucher hatten sich amüsiert und das auf eigene Kosten, na schön.[65]

Natürlich treffen diese Beobachtungen zum Teil das grundsätzliche Dilemma einer Kunst, die unter den Bedingungen verschärfter Zensur funktionieren will. Eine solche Kunst muß selbst dann, wenn es ihr gelingt, über Umwege Politisches zu formulieren, immer zugleich Medium legitimistischer Kompensation sein. Eigene Betroffenheit, über die man im Theater schadenfroh lachen kann, verringert den Schmerz. "Hurtig bauten die Akteure das Bühnenbild um, verhöhnten auf diese Weise sich und das Publikum: Ist doch alles nicht ernst gemeint, ist nur Blödsinn! Aber das hieß

---

[65] Erich Loest, *Zwiebelmuster* (Hamburg 1985), 207f.

natürlich auch: Ihr da unten spielt mit und seid keinen Deut besser."[66] Diese Dialektik von kritischem Aufzeigen und ästhetischer Kompensation dürfte jeder Kunst in gewissem Maß anhaften. Dennoch ist zu fragen, ob mit der Distanz, die das kabarettistische Theater setzt, das keine Fabel mehr zu bieten hat und sich nur noch ihrer Form bedient, diese Dialektik nicht über Gebühr nach einer Seite aufgelöst wird. Der vergleichende Blick auf Lu Xun, kann zumindest die Frage aufwerfen, ob Heins Stück nicht doch zu wenig auf mitleidende Identifikation und zu stark auf witzige Distanz setzt (was natürlich auch der Komik schadet). Lu Xun schreibt über seine Erzählung: "Gogol made his actors speak directly to the audience in *The Goverment Inspector*: 'Laugh at yourselves!' [...] My method is to make the reader unable to attribute Ah Q-ism to any particular individual besides himself, so that he cannot easily excuse himself and become merely an onlooker."[67]

Wenn Hein die Lebensgeschichte derer, die zwischen Hund und Wolf vegetieren, zum komisch dialogisierten Zitatenschatz erstarrt, so muß das auch inhaltliche Konsequenzen haben. Lu Xuns nicht minder komische Erzählung zielt bei allem grotesken Witz auf die Aufdeckung von Zusammenhängen, die die große Lethargie ergründen können, die die gezeichnete Gesellschaft gefangen hält. Ja es sind gerade die grotesken und paradoxen Momente der Erzählung, die dem Leser ein hohes Maß an identifizierender Anteilnahme abverlangen. Auch für den heutigen Leser gilt, daß er die Geschichte des Ah Q kaum rezipieren kann, ohne den Ah Q-ismus auch in sich selbst und in seiner Zeit entdecken zu müssen. In dem Sinn ist die Erzählung parabolisch und offen zugleich, offen vor allem für den Widerstand, den der Leser mit Ah Q und über ihn hinaus gegen die geschilderte Welt entwickeln kann. Heins Transposition der Lethargie der chinesischen Landarmut auf die postrevolutionäre Lähmung der europäischen Intelligenz dagegen kann keine kausalen Zusammenhänge mehr entwickeln, und begnügt sich mit der witzigen Bloßstellung von grotesken Symptomen, die einen abgeschlossenen, toten Zustand signalisieren. Läßt sich das Drama formal als szenische Öffnung eines modernen Mythos' für aktuelle Gegebenheiten beschreiben, so erweist sich seine inhaltliche Perspektive doch als

[66] Ebd. 207.

[67] Zitiert nach Huang Sung K'Ang, 64.

90

weit geschlossener und einsilbiger als die des Originals. Das Stück kann das
bloße Dazwischen nicht anders begreifen, als seine Helden, nämlich aus der
Perspektive des fingerzeigenden Klagegesangs über den Verlust des Eindeutigen, der großen Wahrheiten und Begriffe - die Perspektive des resig-
nierenden Revolutionsphilosophen Wang. Die Aussage dieses einstelligen
Denkens ist nicht nur unbeweglich in dem Sinn, daß sich der dargestellte
Intellekt zur Bestätigung seiner aporetischen Resignation mit dem Erreichen der nächstliegenden Paradoxien begnügt, sie ist auch nicht gerade neu.
Daß die Revolution anders kommt, als die Philosophie sich erträumt hat,
daß die Revolution ihre Philosophen verrät und niemanden befreit, außer
die, die es zur Macht drängt, wer wüßte das nicht. Hein scheint sich der Ge-
schlossenheit seines Dramas bewußt zu sein, wenn er sagt: "Da ist der
Gegenspieler eine für die Figuren nicht mehr erfaßbare Zeit."[68] Dieser Satz
gilt nicht nur für die Figuren, sondern für die Poetik des Stückes überhaupt.
"Wir werden zur Grube fahren, und die Welt wird um nichts besser sein.
AH Q Uns ist sie dann los. Ist das nichts? WANG Du hast recht. Ah Q In
unserer letzten, schweren Stunde bleibt uns dieser Trost" (AHQ, 121). Hier
ist parodistisch im Stück selbst sein mögliches Anliegen und seine Grenze
gefaßt: seine Befreiung von den Techniken der Philosophie, den Sackgassen
intellektueller Paradoxien. Vielleicht gilt eben darum von dieser Kunst, was
Ah Q resignierend auf ihrem Gebiet vorführt: "Ich möchte Ihnen etwas
sagen. Ein überwältigendes Gefühl mitteilen. Einen Satz, der alles sagt. -
Fast alles. [...] Wie ein Schrei. Wie eine Naturkatastrophe. *Geht an die Büh-
nenrampe:* Menschen, oh Menschen - *Geht zurück.* Ich habe keine Botschaft
für sie. [...] Es ist doch schon alles gesagt" (AHQ, 106f.). Ein Satz, der die
Poetik des Stückes in nuce faßt. Es ist alles gesagt, und das Stück findet keine andere Aufgabe als seine Helden, das Gesagte in den Aporien seines
intellektuellen Witzes zu repetieren. "Man lärmt. Worte, Worte" (AHQ,
123).

68 *Theater der Zeit* 10 (1983): 56.

Horns Ende

Ein einsamer Mann von vierzig Jahren erhängt sich 1957 aus dunklen Motiven in einer Kleinstadt der DDR, deren Geschichte noch Mitte der 80er Jahre nicht minder im Dunkeln der Halbwahrheiten und Tabus des öffentlichen Bewußtseins verborgen liegt. Die Frage nach dem Geheimnis von Horns Ende, erweitert sich in Heins erstem Roman zur partiellen Aufarbeitung der Geschichte Guldenbergs. Die Frage nach der unerhörten Begebenheit ist damit an die Darstellung einer repräsentativen Lokal-Geschichte aus dem ersten Jahrzehnt der DDR geknüpft. Die Schwierigkeiten, die die vielstimmigen Erzählinstanzen des Romans mit dieser Nachkriegsgeschichte einer Kleinstadt haben und vermitteln, werfen zugleich fundamentale Fragen nach der Möglichkeit von Geschichte und Geschichtsschreibung auf.[69] Die politische Brisanz dieses Unternehmens schlägt mit heute ungewohntem Pathos (dem Pathos der Toten bzw. der verdrängten Erinnerung) als persönliche und teils poetologische Betroffenheit in den imaginären Dialogen zwischen dem toten Horn und dem Ich-Erzähler Thomas durch, der Horns Ende als Elfjähriger erlebte.[70] Schon auf den Höhepunkten dieses Dialogs zwischen den Wahrheitsansprüchen des Heute und

---

[69] In einem Gespräch mit Krzysztof Jachimczak äußert Hein sich zu dieser Ebene des Romans: "Wir werden es lernen müssen, mit unserer Vergangenheit zu leben. Das ist auch ein Thema dieses Romans. Wenn ich mit kurzen Worten das Thema des Romans nennen sollte, dann würde ich sagen, es ist ein Roman über Geschichte, über Geschichtsverständnis, auch über Geschichtsschreibung. Das ist sehr abstrakt und klingt philosophisch; ich denke, der Roman ist es nicht in dieser Form, aber es ist vielleicht der Hintergrund für den Roman, vielleicht das wichtigste Thema." Krzysztof Jachimczak, "Gespräch mit Christoph Hein." *Sinn und Form* 40,2 (1988): 355.

[70] Hein: "der Roman selbst spielt auf drei Zeitebenen: 1957, die Jahre davor, also vor allem die Nazizeit, das Ende des Krieges und Beginn des Aufbaus der DDR, und die dritte Zeitebene sind die 25 Jahre später, nach 1957, wo alle Figuren sprechen, egal ob sie noch leben oder nicht, denn nicht alle Figuren werden zu der Zeit noch leben, das kann biologisch nicht sein. Das sind die achtziger Jahre, also fast die Zeit in der der Text von mir geschrieben ist." Ebd. 353.

Gestern drängen sich Fragen nach der Notwendigkeit und Unabänderlichkeit sowie der Unmöglichkeit und Unwahrheit von Geschichte in den Mittelpunkt, die auch die Funktion und Genese von Literatur betreffen. Der tote Horn: "Hast du es immer noch nicht begriffen, Junge? Du bist es, der mit den Toten nicht leben kann. Du bist es, der darüber reden muß. Die Toten haben euch vergessen, aber ihr könnt uns nicht vergessen."[71] Der erwachsene Thomas: "Mich langweilen die Toten. Sie wollen nur Ihre Wahrheit sehen. Sie haben wenig begriffen. Sie sind ungerecht zu den Lebenden. Es ist alles schwer genug, und Sie können nur klagen" (HE, 217).

Es gehört zu den fundamentalen Möglichkeiten des Romans, Ereignisse aus verschiedenen Perspektiven zu erzählen, um ihnen komplexe und eventuell widersprüchliche Ansichten und Interpretationen abgewinnen zu können. Hein bedient sich auf konsequente und durchsichtige Weise dieser Technik, indem er fünf Bürger Guldenbergs ihre mit biographischen Details angereicherten Erinnerungen aus den infragestehenden Jahren erzählen läßt. Der Roman komplettiert sich aus gewissermaßen ungeschnittenen (mit dem impliziten Anspruch von Originalton aufgezeichneten) Berichten von fünf Ich-Erzählern: dem Apothekersohn Thomas, dessen Stimme für den Leser besonderes Gewicht erhält, da er den exponiert zwischen einzelnen Kapiteln situierten Dialog mit dem toten Horn führt, und der Leser zudem wissen kann, daß er die Ereignisse etwa in dem Alter erlebte, in dem sich auch der Autor in den fünfziger Jahren befand;[72] dem Arzt Dr. Spo-

---

[71] Christoph Hein, *Horns Ende* (Darmstadt, Neuwied 1985), 191. Seitenangaben hiernach im Text hinter dem Kürzel HE. Einen zum Teil sehr persönlichen und darum interessanten Lektürebericht des Romans bietet Phil McKnight, der sich in den letzten Jahren mit großem Erfolg um die Diskussion von Heins Werken in den USA bemüht hat: "Ein Mosaik zu Christoph Heins Roman 'Horns Ende'." *Sinn und Form* 39,2 (1987): 415-25. Ich selbst kann mit diesem Aufsatz freilich nur wenig anfangen, vielleicht weil seine assoziative Gedankenführung sprachlich zu sehr auf ein politisches Pathos setzt, dessen Voraussetzungen mir unklar bleiben.

[72] Hein: "Der reale Hintergrund ist, daß ich selber, ähnlich wie der Thomas, aber nur ähnlich, ich bin nicht identisch mit ihm, in einer vergleichbaren Kleinstadt aufwuchs und versucht habe, die Erinnerung an diese Zeit in dem Roman zu beschreiben. [...] Die Interpretation der Dialoge vor den Kapiteln, die Sie [Jachimczak] in der Frage gegeben haben, halte ich für völlig korrekt [...]. Es kann ein Dialog des älter gewordenen Thomas mit dem toten Horn sein, es kann ein Selbstgespräch des Autors oder des Erzählers sein, was dann nicht identisch ist mit dem Autor, es kann ein Dialog zwischen den Zeiten

deck, der mit einer politisch und sozial unintegrierten, sich verweigernden Anteilnahme die Guldenberger Geschichte aus der Perspektive des wissend genießenden und zugleich hilflosen Zynikers aufzeichnet; Gertrude Fischlinger, die den Lebensmittelladen der Stadt führt und bei der Horn zur Untermiete wohnte, eine Frau, die mit ihrer gescheiterten Ehe, ihrem mißratenen Sohn Paul und ihren körperlichen Gebrechen in gewissem Maß das durchschnittliche Elend eines Guldenberger Lebens vorführt; dem Bürgermeister Kruschkatz, einem Leipziger Kader, der die Jahre des sozialistischen Aufbaus in Guldenberg entscheidend dominierte; Marlene, der geistesbehinderten Tochter des Museumsmalers Gohl, deren Perspektive die Stadt in den Strukturen eines völlig fremden Bewußtseins konstruiert.

Der realistische Roman würde diese Ich-Erzähler, die durchaus im konventionellen Maß die sozialpsychologischen und generationsspezifischen Perspektiven der Kleinstadt abdecken, als handlungstragende Figuren der Erzählung in Beziehung zueinander setzen, um so ihre differierenden Blickwinkel gegeneinander antreten zu lassen und zu politischen und ethischen Wertungen der infragestehenden Ereignisse und Strukturen finden zu können. Diese Erzählweise würde zudem eine geschlossene Erzählhaltung komponieren, die mit oder ohne auktorialen Kommentar Bewertungen vorschlagen könnte. Hein verzichtet auf diese Techniken, so daß die Erinnerungen der einzelnen Erzähler dem Leser in sich stimmige Blickwinkel und Bewußtseinshorizonte andeuten, die auf die konkurrierenden Weltkonstrukte der anderen Mitbürger und Ich-Erzähler kaum Rücksicht zu nehmen brauchen.[73] Etwaige komplementäre oder widersprüchliche Beziehungen dieser differierenden Welten der Guldenberger Bürger muß der Leser selbst aus seiner individuellen Perspektive auf die Geschichte des Gründungsjahrzehnts der DDR für sich herstellen. Es werden zwar auch Gespräche erinnert, die die Ich-Erzähler miteinander geführt haben, als Teil der zu erinnernden Geschichte multiplizieren diese Dialoge aber lediglich die Multiperspektivität der 80er Jahre mit der damaligen. Hinter dieser

—

sein". *Sinn und Form* 40,2 (1988): 353.

[73] Hein selbst nennt diesen multiperspektivischen Aufbau des Romans ein Mosaik, das ihm beim Schreiben gleichwohl eine Logik bot, "die für [ihn] wichtiger war als anderes." Ebd. 356.

Erzähltechnik, von der man pauschal sagen könnte, daß sich ihre wichtigsten Elemente im Roman der Moderne durchgesetzt haben, steht bei Hein eine Bewußtseinstheorie, die er mehreren Figuren in den Mund legt, und die ich als hermeneutischen Konstruktivismus bezeichnen möchte.

Die Ich-Erzähler der Geschichte Guldenbergs lassen sich an der Meßlatte ihres expliziten Reflexions- und Komplexitätsniveaus in vielleicht drei Gruppen aufteilen. Da sind zunächst die sehr differenzierten, aber zu aporischen Abstraktionen neigenden Erinnerungsverfahren des Kritikers und des Machers der Geschichte der DDR, Dr. Spodeck und Bürgermeister Kruschkatz. Ihre Erinnerungen zeichnen sich dadurch aus, daß sie auf vergleichbarem Niveau ihre historische Rolle zu objektivieren versuchen und das eigene Versagen, die Ursachen für ihr Unglück und für ihre Unfähigkeit, dem eigenen Unglück etwas entgegensetzen zu können, politisch und psychologisch entfalten. Die zweite Gruppe, die unglückliche Frau Fischlinger und das unglückliche Kind Thomas, repräsentieren die Guldenberger, die nicht über Positionen verfügten, ihre Geschichte gestaltend bestimmen zu können. In den untheoretischen, aber auf einer konkreten Ereignisebene psychologisch sensiblen Dimensionen ihrer Erinnerungen kommen ursächlich verknüpfbare Zusammenhänge zur Darstellung, die die tagespolitischen und konkreten historischen Konstellationen übergreifen und potentiell den Anspruch formulieren, die Geschichte der Bewohner Guldenbergs an fundamentale Strukturen abendländischer Zivilisation wie Erziehung, Standesdünkel und patriachalische Gewalt rückzubinden. Marlenes Perspektive schließlich sprengt den Rahmen eines psychologisch interpretierbaren Erinnerns und reicht an romantische Techniken der Kehrseite rationalen Bewußtseins heran, die im übrigen auch im gleichermaßen historisch wie symbolisch eingesetzten Zigeunermotiv präsent sind.

Für den rekonstruierenden Leser geben die Erinnerungen von Dr. Spodeck und Kruschkatz in bezug auf die politische Geschichte der Gründungsjahre der DDR die in den 80er Jahren antizipierbaren Auskünfte. Dennoch erzeugt der Roman auch in ihren Berichten ein hohes Maß an Spannung, indem er enigmatische Andeutungen, intime Rückschauen und faktische Berichte gleichwertig nebeneinander setzt. Relativ alltägliche Ereignisse, die Horns Selbstmord vorausgegangen sind, werden so zu interpretationsbedürftigen Geschichtsfragmenten, über die sich aber aufgrund der Erinnerungen, die die Erzähler beisteuern, kein einstimmiges Urteil herstellen läßt. Kruschkatz, ein Arbeitersohn, der nach dem Studium der Geschichtswissenschaften, Karriere im Partei- und Verwaltungsapparat der jungen DDR gemacht hat, kennt Horn bereits aus Leipzig. Er war es, der dort den Parteiausschluß und die Aberkennung der Promotion des Historikers betrieben hatte, wegen Verletzung des Prinzips der Parteilichkeit. Nun ist er ausgerechnet in dem Provinzort zum Bürgermeister bestellt worden, in den man Horn auf den Posten eines Museumsdirektors abgeschoben hat. Kruschkatz freut sich über die erneute Begegnung, da er hofft, den verbitterten Horn von der Unvermeidlichkeit und historischen Notwendigkeit seines Schicksals überzeugen zu können. "Es war ihm ein geschichtlich notwendiges Unrecht angetan worden im Namen eines höheren Rechts, im Namen der Geschichte. Ich war nur das ausführende Organ, die kleine Stimme dieses ehernen Gesetzes. Ich hoffte, ihm dies begreiflich machen zu können. Ich hoffte es, nicht weil ich mich entschuldigen, sondern weil ich ihm helfen wollte" (HE, 69). Denn Kruschkatz hält Horns starrsinnige Verletztheit für eine fundamentale politische Schwäche, die dem Wissenschaftler angesichts der klar strukturierten Aufgaben des staatlichen Aufbaus keine Überlebenschance läßt. "Horn war für diesen Tod bestimmt wie ein Ochse für den Schlachthof. Er war nicht lebenstüchtig. Er war für ein Leben unter Menschen nicht geeignet. Ich sage dies ohne jede Wertung oder Verachtung, ich habe ihn immer geschätzt. Und ich meine, es ist kein allzu hoher menschlicher Wert, auf dieser Erde lebenstüchtig zu sein" (HE, 72). Schon diese Sätze benennen einen absoluten Gegensatz zwischen lebenstüchtigem politischen Opportunismus und tödlichem Wissenschafts-Humanismus, der glaubt, seine Arbeit außerhalb der Politik positionieren zu können. Daß die DDR sich von Anfang an zu Recht oder Unrecht von eben diesem Wissenschaftsanspruch bedroht fühlte und seine Anhänger unerbittlich verfolgte, ist bekannt. Der Roman kann aber auch eine Ahnung davon vermitteln, daß eben dieser Verfolgungswahn die bürokratischen Mechanismen und Menschen erschuf, die letztendlich das zerstörten, was sie zu schützen wähnten oder vorgaben.

Kruschkatz ist der erste Bürgermeister von Guldenberg, der sich auf diesem Schleudersitz länger als ein Jahr, nämlich bis zu seiner (freilich vorzeitigen) Pensionierung behauptet. Die Selbstverständlichkeit, mit der der alltägliche Überlebens- und Karrierekampf im Rathaus mittels abstruser Intrigen und Denunziationen vorangetrieben wird, legt einen fast bruchlosen Übergang von der faschistischen zur stalinistischen Verwaltungspraxis nahe.[74] Kruschkatz gerät ein paarmal in Gefahr, von seinem Stellvertreter

[74] In der Tat hat Hein diesen Verweis auf die Kontinuität deutscher Geschichte

96

Bachofen ausgespielt zu werden, bis dieser sich selbst seine Karriere durch einen denunzierenden Brief, "den er zuviel geschrieben hatte" (HE, 239) verstellt, in den Westen geht und dort Bürgermeister einer westdeutschen Kleinstadt wird. "Du wirst es nicht begreifen, Bachofen, aber selbst für erforderliche Schäbigkeiten gibt es eine Grenze" (HE, 27). Das gilt auf westdeutschem Territorium dann offenbar nicht mehr. Wirklich gefährdet ist Kruschkatz' Position, als er die möglich gewordene erneute Denunziation Horns nicht vorantreibt, so daß Bachofen und der Stadtrat die Initiative zu einer eigenständigen Denunziation ergreifen können. Horn hatte aufgrund von neuen archäologischen Funden einen Aufsatz über die Siedlungs- und Eroberungspolitik der Wenden geschrieben: "die Vertreibung der Hermunduren, Warnen und Düringer durch die Wenden" (HE, 101). "Was Horn hier verkündet, ist Revisionismus, Sektierertum. Er will uns Diskussionen zu einer überwundenen Epoche aufnötigen. Eine rückwärtsgewandte Fehlerdiskussion unter dem Mäntelchen unvoreingenommener Wissenschaft" (HE, 102).

> Er habe, so sagte der Stadtsekretär, eine feindliche Wühlarbeit betrieben und das Prinzip der Parteilichkeit gröblichst verletzt. Horn sei als ein typischer Vertreter intellektuellen Kleinbürgertums entlarvt worden, sein Unglaube in die Kraft der Arbeiterklasse und ihrer Partei habe ihn genötigt, der bürgerlichen Ideologie Zugeständnisse zu machen und im Chor mit liberalistischen Schwätzern eine sogenannte Erweiterung der Demokratie zu fordern (HE, 104).

Außerdem hat er eine Schwester, die im Westen lebt. Das "lächerlich" (HE, 103) Groteske der hier geforderten Zensur historischer Forschung verweist darauf, daß das von der politischen Selbstdisziplin Verdrängte in den Kadern des jungen Staates in absurden Formen weiterlebt: Die Eroberungspolitik der Wenden assoziiert für sie unmittelbar die Nachkriegspoli-

—

nach 1945 als eins der Anliegen des Romans bezeichnet: "Und da ist allein die Entgegensetzung, als sei Hitler ein Usurpator und nicht ein vom deutschen Volk gewählter Regierungschef, als habe allein antifaschistischer Widerstand der gesamten Bevölkerung oder der Bevölkerung, die heute in der DDR wohnt, stattgefunden, das ist einfach Geschichtsklitterung und -fälschung. Es gab Zäsur und es gibt Kontinuität. In dem Roman habe ich versucht, beiden Sachen gerecht zu werden." *Sinn und Form* 40,2: 354.

tik der Sowjetunion, die Angst vor der eigenen Lüge einer unhinterfragbaren historischen Zäsur wittert sofort die Forderung nach Erweiterung der Demokratie etc. Es ist also auch mangelndes bzw. verhindertes Geschichtsverständnis, das mit für die bis zur Absurdität empfindliche Verteidigungshaltung der Funktionäre des sozialistischen Staates verantwortlich ist und diesen letztendlich vereiteln wird. Gleichzeitig spiegelt die Brisanz von Horns harmloser Wissenschaft die tatsächliche ideologische Problematik der jungen DDR. Denn es kann keine Frage sein, daß Horns Anspruch auf die Fiktion einer 'objektiven Wissenschaftlichkeit' in diesen Jahren realpolitisch vor den Geboten der Parteilichkeit eine Grenze fand. Nur wird an der Guldenberger Lokalpolitik überdeutlich, daß diese Grenze in der ererbten und angestauten Schnüffelsensibilität der Kader mit Hilfe des ideologischen Katechismus so eng wie eben möglich gezogen wird, was die Möglichkeit einer sozialistischen Gesellschaft von vornherein in Frage stellt. Die überspannten Ausgrenzungsmechanismen der stalinistischen Diktatur ruhen in Guldenberg nicht eher, bis der 'Klassenfeind' physisch vernichtet ist.

Kruschkatz handelt sich mit seinem (wider besseren Wissens) zögerlichen Verhalten eine Selbstbezichtigung ein, vermag seinen Thron aber mit etwas Glück zu verteidigen. Er unterschreibt die Anklageschrift gegen Horn - "ohne den schalen Aschegeschmack in meinem Mund zu verspüren, den ich bei ähnlichen Erklärungen in der Vergangenheit empfunden hatte und der gegen mich zeugte" (HE, 105). Kruschkatz verfügt noch über ein Sensorium rein körperlicher Natur, das gegen die Rationalisierungsmechanismen seiner pragmatischen und ideologischen Rechtfertigung Zeugnis ablegen kann. "Ich hatte nichts als die Wahrheit gesagt, und dennoch hatte ich das Gefühl, besudelt zu sein, und das Bedürfnis, mich zu waschen" (HE, 75). Auf eine Weise, die der psychologische Roman der Gerechtigkeit des Lebens seit jeher voraus hat, wird sein Handeln auf dieser körperlich-seelischen Ebene eingeholt. Seit Jahren leidet er unter Schlaflosigkeit, ist für Dr. Spodeck ein typischer Kandidat für einen Hirnschlag. Vor allem aber entfremdet er sich dem Wichtigsten, was sein Leben besitzt, der Liebe seiner schönen Frau.

> Dennoch kam mir der tote Horn teuer zu stehen, er kostete mich meine Frau. Ich verlor Irene. Denn schon lange bevor sie an Krebs starb, war sie von mir gegangen. [...] Sie richtete sich plötzlich auf, schaltete die kleine Nachttischlampe an und sah schweigend zu mir herüber. Und als ich, um ihren unerträglich forschenden Augen zu entgehen, sie endlich fragte, was sie habe, sagte sie mit gleichgültiger Stimme:

'Ich habe nie geglaubt, daß es einmal möglich wäre, aber ich ekle mich vor dir.' Mehr als dieser Satz erschreckte mich die endgültige Kälte ihrer Augen (HE, 52f.).

Der Kruschkatz der diese Erinnerungen aufzeichnet, ist ein verbitterter und lebensverachtender Pensionär, der in der düsteren Zelle eines Leipziger Altersheims den Tod erwartet. "Ich beklage mich nicht, ich bin es gewohnt. Hinter meinem Fenster ist es stets unerträglich. Zu grau, zu kalt, zu naß, zu dunkel, zu heiß" (HE, 257). So steht die letzte Wohnung des Dreiundsiebzigjährigen für alle Gemeinwesen, in denen er gelebt hat, für das Rathaus, die Stadt, den Staat. Die Erfahrung, die der alte Mann in seinem als gescheitert erkannten Leben gewonnen hat, kann er in einem bündigen Gedanken zusammenfassen:

> Es gibt keine Geschichte. Geschichte ist hilfreiche Metaphysik, um mit der eigenen Sterblichkeit auszukommen, der schöne Schleier um den leeren Schädel des Todes. Es gibt keine Geschichte, denn soviel wir auch an Bausteinchen um eine vergangene Zeit ansammeln, wir ordnen und beleben diese kleinen Tonscherben und schwärzlichen Fotos allein mit unserem Atem, verfälschen sie durch die Unvernunft unserer dünnen Köpfe und mißverstehen daher gründlich. Der Mensch schuf sich die Götter, um mit der Unerträglichkeit des Todes leben zu können, und er schuf sich die Fiktion der Geschichte, um dem Verlust der Zeit einen Sinn zu geben, der ihm das Sinnlose verstehbar und erträglich macht. Hinter uns die Geschichte und vor uns der Gott, das ist das Korsett, das uns den aufrechten Gang erlaubt (HE, 24).

Was Kruschkatz sich nicht explizit vor Augen führt, was der Leser aber durchaus rückschließen kann, ist, daß der lebensmüde Funktionär mit diesen Sätzen die legitimistische Funktion seiner politischen Ideologie, die ihm erlaubte, die eigene Karriere ungeachtet der geforderten Opfer im 'Namen der Geschichte' voranzutreiben, entdeckt hat. Kruschkatz ist den Weg der Macht gegangen und hat sich ein entsprechendes Glaubensbekenntnis zurechtgelegt bzw. zurechtlegen lassen. Hein erlaubt ihm diese Erkenntnis auch im Alter nicht. Vielmehr konstatiert der psychologische Realismus des Romans nunmehr einfach radikal negativierte Legitimationsmechanismen, die dem Pensionär den Zugang zu einer ethischen Bewertung seines Lebens weiterhin verstellen. Nicht an sich selbst, wohl aber an seine Mitgenossen im Leipziger Altersheim vermag Kruschkatz die Meßlatte einer psychologischen Moral anzulegen: "Oh, diese bösartigen, geschwätzigen Greise, die immerzu vor meinem Zimmer herumlaufen. Immer auf und ab, tap, tap, tap, tap. Dazu ihr unausstehliches, widerliches Gefasel, honigsüß und hinterhältig" (HE, 257). Einzig die nicht abstellbaren Erinnerungen, die bösen Träume, das nicht abreißende Verlangen nach der verlorenen Frau vermögen auch die neue nihilistische Rationalität des Altersmüden zu widerlegen.

Zu einer ähnlichen Geschichtsskepsis findet auch Kruschkatz' großer Gegenspieler Dr. Spodeck, der das Guldenberger Treiben aus der Haltung des voyeuristischen Zynikers verfolgt und genießt. Seit Jahren besteht sein Vergnügen darin, eine Chronik der Stadt Guldenberg aufzuzeichnen.

> Was ich in diesen Blättern notiere, sind lediglich die niederträchtigen Affären und bösartigen Handlungen, durch die sich meine ehrenwerten Mitbürger auszeichneten, Es sind die widerlichen Geschäfte der Einwohner meiner Stadt, die es nie versäumten, ihre eigennützige Boshaftigkeit mit salbungsvollen Reden und achtbaren Motiven zu maskieren. Es ist eine Geschichte der menschlichen Gemeinheit. Ich kann nicht darin lesen, ohne von heftigem Lachen geschüttelt zu werden, von einem Lachen der Menschenverachtung und des Mitleids über einen solchen Aufwand von Energie um ein paar schäbige Vorteile (HE, 133).

In den Jahren der Naziherrschaft, des Zusammenbruchs und des sozialistischen Aufbaus hat Spodeck reiches Material für seine Chronik der Niedertracht sammeln können.

> Ich habe in dieser Stadt gelebt, als die Braunhemden in ihr Hof hielten und umjubelt wurden. Ich habe gesehen, wie sich diese Stadt dem alltäglichen Verbrechen öffnete, bereit und willig, und der Heißhunger auf Verrat und Bestialität offenbarte den lange brach gelegenen Blutdurst. Die Denunzianten und Mörder kamen nicht von irgendwo [...]. Ich habe den Zusammenbruch in Guldenberg erlebt [...]. Es war beklemmend und schaurig, und es war schön. Und die Seiten meiner Geschichte der Gemeinheit füllten sich wie von selbst. Ich hatte in diesen Tagen das deutliche Empfinden, mit feurigen Lettern zu schreiben, wie ein alttestamentarischer Prophet seine Verwünschungen. [...] Hilflose Fehler und undurchsichtige Beschuldigungen setzten ein Rad des Mißtrauens in immer schnellere Bewegung (HE, 135f.).

Es dürfte deutlich sein, daß die politische Brisanz, die Heins Roman in der DDR zukommt, zuerst auf den Beobachtungen Spodecks beruht. Die Guldenberger Episoden, von denen der Leser erfährt, vermögen diesen Beobachtungen nicht nur Wahrscheinlichkeit zu verleihen, sie können auch die zynisch-resignative Haltung des Beobachters erklären. Dennoch weiß Spodeck, daß seine heitere Resignation ihren Ursprung in eigenem Versagen hat. Er ist einer der vielen illegitimen Söhne eines monströsen Vaters, dem Begründer der Bögerschen Heilkurbäder, "dem seinerzeit honorabelsten

Mitbürger meiner Stadt, ihrem unermüdlichen Wohltäter" (HE, 133), der
die Stadt mit seinen Geschäften

> in einen Taumel allgemeiner Pflichtvergessenheit und Habsucht
> [trieb], bis endlich das Kartenhaus dieser unersättlichen Bereicherung
> in den wenigen Wochen eines Frühjahrs zusammenfiel und die betro-
> genen Betrüger, erschreckt und ungläubig, ihre noch immer nicht
> ermüdete Spielerhoffnung ausgerechnet auf jenen Mann setzten, der
> der Urheber ihres Ruins und ihrer Schande war (HE, 134).

Auch Spodeck hat sich der Übermacht dieses Vaters (dessen Karriere ein
typisches kapitalistisches Paradigma andeutet) nie entziehen können. Mit
grimmigem Herzen mußte er seine Wohltaten (die Finanzierung des Studi-
ums und die Ausrüstung der ärztlichen Praxis) und seine Bedingung (die
Verpflichtung, zwanzig Jahre in Guldenberg zu praktizieren) entgegenneh-
men: der Mutter zuliebe. Heute weiß er, daß die Berufung auf das Leid und
die Hoffnungen der Mutter nichts als eine Ausrede war, um seine eigene
Feigheit, seine eigene Habsucht und Bequemlichkeit zu kaschieren. Er weiß
auch, daß er dieser Feigheit nicht mehr entkommen wird. Als das Leben
ihm in der Liebe zur Sprechstundenhilfe die unverhoffte Chance bietet, der
beruflichen und familiären Misere zu entkommen, findet er in seinem illegitimen Verhältnis das Spiegelbild des Vaters: "weil ich Fleisch von seinem
Fleisch war" (HE, 93). "Ich fühlte, daß ich eine nicht wiedergutzumachende
Schuld auf mich lud, wenn ich Christine nicht augenblicklich wegschicken
würde" (HE, 175). Seine verhaßte Frau weiß dieses Schuldgefühl als erneute Legitimation seiner Feigheit zu deuten: "daß du es nie wagen wirst, dich
von mir und deiner Tochter scheiden zu lassen. Dazu fehlt dir der Mut. Du
bist ein Feigling. Du wirst Christine nie haben. Das verspreche ich dir. [...
Spodeck:] Ich wußte, daß meine Frau die Wahrheit sprach" (HE, 177). Spodecks letzter Rettungsanker besteht darin, sich als jemanden zu erfahren,
"der keiner Zuneigung wert war und alt genug, um zu begreifen, daß er sein
Leben längst verspielt hatte, verschenkt für Dummheiten und Erfolge, die
geringer wogen als ein Linsengericht, und der daher keinen Anspruch auf
Liebe, auf irgendein Lebewesen geltend machen durfte" (HE, 168).

Der zynische Blick hat keine Kraft für Glück oder Liebe. Der Zyniker legt Chroniken und Krankengeschichten an, handeln kann er und darf
er nicht. Diese Handlungsunfähigkeit bestimmt auch Spodecks Verhältnis
zu Horn. Gemäß seiner Vorliebe für die Psychologie kann er die Gebrechen des Museumsdirektors ohne Mühe auf unverarbeitete Demütigungen
zurückführen. Horn weist diese Diagnose brüsk zurück. "Ich benötige keinen Arzt für Seelenweh" (HE, 228). Die Angebote der Psychologie, ihre

Potenz zur gesellschaftlichen Reintegration erscheinen Horn nicht ohne Grund als Verrat am eigenen Leid, am ungebrochenen Stolz des unschuldig Verurteilten. Spodeck vermutet darin, ebenfalls mit guten Gründen, eine Überschätzung der subjektiven Ethik des Beleidigten, der es nicht wagen darf, sich den historischen Relativationen seiner psychischen Bedingtheit zu stellen.

> Horn endete, wie er gelebt hatte, als ein Feigling. Er hat unwürdig gelebt, und ich würde, wenn ich nicht fürchten müßte, mißverstanden zu werden, sogar sagen, es war ein im buchstäblichen Sinne ehrloses Leben. Dies ändert nichts daran, daß ich in Guldenberg keine Handvoll Leute kannte, die ich mehr zu achten hatte als Horn. Und ein ehrloses Leben war das meine schließlich auch (HE, 225).

Ehrlos ist das Leben des zynischen Analytikers, der die Gemeinheit als Bewegungsgesetz der Geschichte erkannt hat, und sich ihr darum verweigern kann. Ehrlos ist auch das Leben des unzeitgemäßen Humanisten, der lebensuntüchtig an den Tugenden einer scheiternden Handlungsethik festhält und darum sagen kann: "Ich fühle mich bereits heute wie eins von meinen Fossilien" (HE, 228).

Beide Haltungen treffen sich in der Adaption einer konstruktivistischen Kognitions- und Geschichtstheorie, an der sich, wie oben angesprochen, auch der alte Kruschkatz versucht. Spodeck veranschaulicht diese Theorie anhand einer Erfindung der Filmtechnik, derzufolge filmische Dokumente mit gewinkelten Spiegeln beliebig retuschiert, synthetisiert und verfälscht werden können. Der Leser kennt das Bild bereits aus Thomas' Abenteuern vor dem dreiteiligen, verstellbaren Spiegel im elterlichen Schlafzimmer (HE, 108ff.). Spodeck:

> Unser Bewußtsein arbeitet mit tausend Spiegeln, von denen jeder tausendfach gebrochen ist. [...] Was wir aufzeichnen, ist eine unseren Genen gemäße Verzerrung. Wir speichern nicht ein Geschehen, sondern unser Bewußtsein, unser Denken über ein Ereignis. Es sind persönliche Erinnerungen, was nicht weniger sagen will, als daß all unser Erinnern kein Bild der Welt liefert, sondern ein durch das Spiegelkabinett unseres Kopfes entworfenes Puzzle jenes Bildes mit unseren individuellen Verspiegelungen, Auslassungen und Einfügungen (HE, 231).

Der Historiker Horn kann diese Erinnerungstheorie (wie schon der Praktiker Kruschkatz) nur bestätigen.

> Was ist denn Geschichte anderes als ein Teig von Überliefertem, von willkürlich oder absichtsvoll Erhaltenem, aus dem sich nachfolgende Generationen ein Bild nach ihrem Bilde kneten. Die Fälschungen und

unsere Irrtümer sind der Kitt dieser Bilder, sie machen sie haltbar und griffig. Sie sind es, die unsere Weisheiten so einleuchtend machen (HE, 230).

Die politische Qualität dieser Ausführungen wird vor allem vor dem Hintergrund der Geschichts- und Erkenntnistheorie des Wissenschaftlichen Sozialismus der DDR deutlich, auf die die 'verzerrten' Spiegelmetaphern anspielen. Angesichts der SED-Dogmen von gesicherten materialistischen Gesetzen des Geschichtsprozesses, die die im Roman problematisierte Forderung nach parteilicher Wissenschaft und Praxis im Namen der Geschichte legitimieren, angesichts einer Erkenntnistheorie, die sich als Widerpiegelungstheorie objektiver Daten definiert, kann die Provokation der resignativen Spekulationen über Geschichte und Gedächtnis, auf die Heins ungleiches Terzett sich implizit einigt, kaum überschätzt werden.

Für die im Roman aufgeworfenen Konflikte stellt sich um so dringlicher die Frage, was an konkreten Handlungskonsequenzen aus dieser Theorie folgt. Spodeck rät, den "Erinnerungen zu mißtrauen. Wenn Ihr Gedächtnis Sie zum Leben unfähig macht, ist es vernüftiger, Sie bezweifeln einige gespeicherte Bilder in Ihrem Kopf und nicht das Leben" (HE, 232). Horn kontert, daß mit dieser bequemen Methode das Leben selbst eliminiert würde. "Welch ein entsetzlicher Gedanke, ohne Gedächtnis leben zu wollen. Wir würden ohne Erfahrungen leben müssen, ohne Wissen und Werte. Löschen Sie das Gedächtnis eines Menschen, und Sie löschen die Menschheit" (HE, 232). Spodeck: "Ja, das wäre ein mögliches Extrem. Hüten wir uns aber auch vor der anderen Übertreibung: unser so fragwürdiges Gedächtnis zum absoluten Maß zu erheben. [...] Der Hochmut des Verstandes hat keinen Humor" (HE, 232). Dennoch, so weiß Horn wiederum zu entgegenen, gibt es keinen anderen Maßstab als dieses manipulierende Gedächtnis, als diesen täuschenden Verstand, denn außerhalb seines Wahrheitsanspruchs gibt es weder Leben noch Geschichte. Das wird erneut in dem Rat deutlich, den Spodeck ihm mit auf den Weg geben will. "Der alte Gracian sagte: Suche in allem, die Zeit auf deine Seite zu bringen. Wenn es Ihnen gelingen könnte, die Erinnerungen danach einzurichten, es würde Ihnen leichter werden zu leben" (HE, 232) Horn: "Doktor, dann ist das Leben nichts als ein Haufen vergoldeter Scheiße" (HE, 232). Nun kann auch dieser Satz Gracians, der der deutschen Geistesgeschichte bezeichnenderweise durch Schopenhauer vermittelt wurde, eine zweifache Auslegung erfahren (die den barocken Dualismus des spanischen Autors treffen dürfte). Man kann die Zeit auf seine Seite bringen, indem man sie den eigenen Vorstellungen entsprechend zu verändern versucht oder indem man die eigenen Vorstellungen den Einwürfen der Zeit anpaßt.[75] Hein läßt für seine Kontrahenten nur die zweite Deutung gelten, und die Frage nach der Möglichkeit dieses Weges stellt sich ihnen letztlich in einem ethischen Entscheidungsraum. Horn: "Mit solchen Weisheiten, Doktor, können Sie alt werden. [...] Das ist zum Kotzen" (HE, 233). Spodeck: "Auch das ist mir bekannt, Dr. Horn" (HE, 233). Es ist bezeichnend für den Roman und vielleicht für die in ihm gestaltete Zeit, daß die politische Dimension dieser Frage gänzlich aus dem Blick geraten ist. Wenn die drei intellektuellen Erinnerer sich in dem Konsens treffen, daß historisches Bewußtsein nie anders als interessegeleitet denkbar ist, dann müßte allemal die Einsicht möglich sein, daß es auch bei der Frage nach historischer Wahrheit um die politische Aufgabe der Verständigung über das gegenseitige, gemeinsame und kontroverse Interesse geht. Daß solch ein Politikbegriff in den Aufbaujahren der DDR nicht einmal einen Artikulationsraum finden konnte, da das Interesse der Individuen, Schichten und Klassen erneut vom Staat usurpiert und interpretiert war, kann der Roman im Detail entfalten, indem er im kleinen und konkreten Erinnerungsbild auf die Leerstellen des noch nicht Interpretierten verweist.[76] Die Chance für eine Politik der Verständigung widerstreitender subjektiver Wahrheiten und damit Interessen hat, so stellt der alte Kruschkatz in den 80er Jahren indirekt fest, sein Staat eben darum verspielt, weil er nie in der Lage war, sich zur politischen Anerkennung einer entsprechenden Kognitionstheorie durchzuringen.

> Die Entdeckung, daß es mehrere, zum Teil einander widersprechende Wahrheiten gibt, als endliches Ergebnis solcher Mühe wäre ein niederschmetternder Witz. Nochmehr aber beunruhigt mich der Gedanke, daß die so gefundene Wahrheit beziehungsweise die verschiedenen, schlüssig, vollständig und widerspruchsfrei hergestellten Bilder keinen Adressaten haben. Das ist vorbei (HE, 23f.).

[75] Wie oben ausgeführt, konkretisiert Hein diese Art der stalinistischen Geschichtsschreibung in seinem Essay: "Die fünfte Grundrechenart."

[76] Angesprochen auf die Leerstellen in seinen Werken, antwortet Hein: "Und insofern brauche ich einen aktiven Leser, der die Dinge, wo ich aufhöre zu sprechen oder nur wenig mitteile, um ihm einen Freiraum zu lassen für seine Erfahrungen, auch zu Ende führen kann." *Sinn und Form* 40,2 (1988): 349.

Soweit in diesem Zitat die Poetik des Heinschen Romans angedeutet ist, soweit wird auch ihr selbst ein Ort jenseits der staatlichen Ideologie zugewiesen, wo ihre Bilder (einschließlich der privaten Erinnerungen Kruschkatz') erneut auf Adressaten hoffen können. Kruschkatz freilich kann diese poetische Vermittlung auch im Alter noch nicht genügen.

> Die Leute werden nichts verstehen, und ihre Bemühungen, meinen Worten einen verstehbaren Sinn zu geben, werden sie dazu verleiten, meine Geschichte mit ihrem Leben zu beleben. Und statt die Unbegreiflichkeiten auszuhalten und zu akzeptieren, werden sie nichts begreifen (HE, 24).

Kruschkatz hält bis zum Schluß am Absolutum der einen Wahrheit fest, obgleich er doch erfahren hat, daß die Geschichte darum 'mit Leben belebt wird', weil sie letztendlich das Leben kostet. Wie immer auch Erkenntnis, Erinnerung, Weltbild und Geschichtsbild zustande kommen mögen, gerade ihre legitimistischen Funktionen, die dem Leben den Schein von Sinnhaftigkeit gewähren, werden, das wissen sowohl Spodeck und Horn als auch Kruschkatz, mit dem Leben bezahlt. Am Ende bleibt ihnen nichts als das Bewußtsein eines vertanen und unglücklichen Lebens. Der Suizid steht neben dem Verlust von Schlaf, Gesundheit, Ehrgefühl und Stolz, und alle drei verlieren zuerst ihre Liebesfähigkeit.

Dieser Maßstab der Möglichkeit des Glücks, den die drei Männer am Ende an ihr Leben anlegen, bestimmt von vornherein die Biographie der übrigen Stimmen des Romans und hat sich in ihren Erinnerungen niedergeschlagen. Gertrude Fischlinger, Thomas und Marlene stellen als Frau, Kind und Kranke der intellektuell aufgearbeiteten Geschichte der drei Männer Erinnerungen gegenüber, die um das alltäglich verstellte Glück und das alltägliche Opfer in Guldenberg kreisen. Gertrudes, Thomas' und Marlenes Erzählungen von punktuellen Ereignissen, die (wie beiläufig auch immer) auf Kernsituationen ihrer persönlichen Biographie verweisen und in entsprechender Detailliebe erinnert werden, verdichten sich zu einem Geschichtsbild, das dem Leser durchaus ursächliche Momente ihres individuellen Leidens anbieten kann; Momente, die keineswegs neu und überraschend sind und dennoch ihre Gültigkeit im Gesamtgeschehen des Romans behaupten können. Die Einsamkeit und Überlebensarbeit der verlassenen und betrogenen Frau und Mutter, die Erziehungs- und Beziehungsqualen des Apothekersohns, die grausame Ächtung der Familie Gohl, der unter den Nationalsozialisten von den Guldenberger Bürgern ungeheures Leid angetan wurde und deren Ausgrenzung nach dem Krieg ungebrochen fortgeführt wird, vermitteln ein Bild der Geschichte Guldenbergs, das von historischen Kontinuitäten zeugt, die von den ersten berichteten Ereignissen aus der Kaiserzeit bis zur Erzählzeit des Romans reichen. Sie heißen: Obrigkeitsstaat, patriarchalische Ordnungen verschiedenster Klassenausprägungen, kleinbürgerliches Normensystem autoritärer Abhängigkeiten, Standesdünkel, der sich in Schule, Arbeit und Wohnung unverhohlen weiterhin klassenpolitisch manifestiert, bigotte Ethik, abgetötete Sexualität, selbstgerechte Vorurteile, intrigante und denunziatorische Weisen des Umgangs. Für Gertrude Fischlinger z. B. stellt sich ein Moment des Glücks erst ein, als sie nach ihrem Mann und Sohn auch von Horn, dem dritten männlichen Bewohner ihres Hauses, verlassen wird:

> Die eisernen Ringe, die es [das Herz] ein Leben lang zusammengepreßt hatten, lösten sich langsam und unmerklich und eröffneten mir einen nie gekannten, unendlich freien Raum. Und während ich mir unter Tränen sagte, daß ich nun die Waise meines Sohnes und die Witwe meines Untermieters sei, verspürte ich trotz meiner schmerzenden Beine in mir die Kraft und unbezähmbare Lust zu leben, und mir war als schwebe ich in eine lichtlose und dennoch sehr helle Ferne (HE, 204).

Die Guldenberger Frauen, Kinder und Geächteten leiden in einem Maß unter ihren Vätern, Männern, Lehrern und Politikern, das Spodecks zynische Stadtchronik voll bestätigt und ihr zugleich widerspricht. Denn der subjektive Bericht von diesem Leiden duldet keinen Zynismus, sondern hofft auf humane Alternativen, die etwa in kurzen geglückten Freundschaften (auf den subkulturellen Ebenen der alten Jungfern, der Kinder, der Künstler und Zigeuner) angedeutet sind. Horns Biographie, die einem Wissenschaftshumanismus unterliegt, der sich zur historischen Wahrheits-Institution verfestigt und stilisiert, muß zwar ebenfalls als Opfer der Guldenberger Geschichte begriffen werden, an dem subkulturellen Hoffnungspotential hat sie aber keinen Anteil. Gertrude und Thomas leiden auch und gerade unter ihm. Die utopischen Momente des Romans hören genau da auf, wo Ordnung, Herrschaft und Politik beginnen, egal, welche Ideologeme sie auf ihre Fahnen geschrieben haben mögen. Glück und Ethik gibt es hier nur im punktuellen Erlebnis des Miteinander oder in den anarchischen Phantasien des Ausbrechens, denen z. B. der elfjährige Thomas anhängt. Die Politik dagegen ist von der Ordnung des Ausgrenzens bestimmt, kann sich nur in ihr unheilvoll erfüllen und fordert gerade von den "Schuldlosen" das "Opfer" (HE, 73) des ihr "geschichtlich notwendige[n] Unrecht[s]" (HE, 69). Von Marlenes Vater, dem Maler Gohl, der seine Bilder nicht mehr ausstellt, sagt Gertrude Fischlinger: "Es war als habe sich für ihn seit dem Ende des Krieges nichts geändert" (HE, 185).

Daß die DDR in der Kontinuität einer Geschichte der Ausgrenzung zu verstehen ist, kann u. a. das Schicksal der Zigeuner konkretisieren. Ihre Ankunft eröffnet in Spodecks Erinnerungen den Roman, ihre Abreise schließt ihn wiederum in Spodecks Worten. Wie jedes Jahr haben die Zigeuner ihre Wohnwagen mitten in der Stadt auf den Bleicherwiesen abgestellt. Wie jedes Jahr beugt sich der Bürgermeister den empörten Protesten der Bürger und fordert die Zigeuner auf, auf die Flutwiesen vor der Stadt zu ziehen. Wie jedes Jahr ist er erfolglos, verzichtet aber auf den Einsatz der Polizei. So kurz nach dem Zusammenbruch der Naziherrschaft muß man die Zigeuner dulden. Die Kinder sind von ihrer exotischen Lebensweise fasziniert, die Bürger hassen sie. Daran hat sich nichts geändert. Somit bezeichnen die Bleicherwiesen (als Ort der Reinigung oder Weißwaschung) eine spannungsreiche und entscheidende Schnittstelle der Nachkriegsgeschichte Guldenbergs. Die alten Vorurteile haben bereits wieder ihre Sprecher gefunden: noch etwas verhalten und ängstlich in Thomas' Vater, dem Vertreter bürgerlicher Werte und Ordnungen, und in Elske, Thomas' Freundin aus der Proleten-Siedlung, bereits wieder durchaus politisch in Bachofen und dem Stadtrat. Kruschkatz kommt das Verdienst zu, sich einige Jahre dem Drängen der Bürger und des Stadtrats zu widersetzen.

> 'Es gibt kein Gesetz, das uns zwingt, die Zigeuner aus der Stadt zu treiben. Die Zeit ist vorbei, Bachofen.' 'Jedenfalls war da noch Ordnung.' [...] 'Was deine Leute mit den Zigeunern am liebsten anstellen würden, weiß ich auch so.' 'Rede mit ihnen. Es sind keine Nazis.' 'Natürlich nicht. Hier hat sich keiner etwas vorzuwerfen, Bachofen. In dieser Stadt hat es nie Nazis gegeben.' 'Du wirst unsachlich.' (HE, 156f.)

Wogegen Kruschkatz dagegen nicht ankommen kann, ist die ökonomische Logik der Wissenschaft von der neuen sozialistischen Ordnung, und eben die vermag Bachofen auf Kreis- und Parteiebene gegen die Zigeuner zu mobilisieren. Den Zigeunern wird der Aufenthalt in Guldenberg schließlich untersagt, weil sie jeden Sommer ihre Pferde an die umliegenden Bauern vermieten, und diese sich somit nicht gezwungen sehen, der landwirtschaftlichen Genossenschaft beizutreten. Das Verschwinden der Zigeuner nach dem Sommer, in dem Horn tot im Wald gefunden wurde, gibt Anlaß für allerlei Gerüchte in der Gemeinde. Kruschkatz spricht sich in seinen Erinnerungen entschieden gegen diese Hetze aus. "Es gab keinen Zusammenhang zwischen ihrem Verschwinden und Horns Tod. Alles, was man sich in der Stadt darüber erzählte, waren Lügen und Gerüchte, das übliche wirre Geschwätz" (HE, 155). Und doch gibt es den Zusammenhang, den Kruschkatz zu negieren versucht: Er liegt in der Verkennung der humanistischen Bedingungen der erträumten sozialistischen Ordnung. Horns Tod und die Vertreibung der Zigeuner sind Signale für die verpaßten Chancen des sozialistischen Aufbaus und für das, zu dem sich dieser Staat in den nächsten Jahrzehnten entwickeln sollte.

Einen Sonderfall stellen die Erinnerungen Marlenes dar. Die erkenntnistheoretische Problematik wird in den Monologen ihres gänzlich fremden Bewußtseins auf eine weitere Ebene gehoben. Die Wahrheit von Marlenes Welt zitiert ein anderes Erzählen, das im Roman Mustern der Romantik verpflichtet ist, worauf Marlenes Verbindung zu den Zigeunern, der Künstlervater etc. verweisen. Auch die konkreten Momente ihrer alternativen Welt folgen romantischen Formgesetzen: Der Traum, der aus der Natur über sie kommt, setzt die Wirklichkeit, in der die Grenze von Leben und Tod aufgehoben ist, und die fatalistischen Gesetze des Märchens ersetzen die Politik. Entsprechend richten sich Marlenes Vorwürfe an Mutter und Vater darauf, daß sie das Leben mit Opfern, Vorschriften und Verbitterungen entstellen. Die Grenze von Marlenes Welt des Märchens wird freilich in ihrer einzigen Interaktion mit der Guldenberger Nachkriegswelt grausam deutlich, ihr Hochzeitstraum in der angedeuteten Vergewaltigung pervertiert. Frau Fischlinger spekuliert, daß die Zigeuner vielleicht deshalb zur Familie Gohl gingen, weil "die Verrückten für die Zigeuner heilige Leute" sind (HE, 180). "Aus einem kranken Kopf spreche Gott selbst," habe der Priester erzählt (HE, 180). Dem Leser kann Marlenes Welt in ihrer äußerst fragmentarischen Zeichnung letztlich keine (romantische oder sonstige) Alternative andeuten. Wohl aber kann sie die erinnerten Welten der übrigen Erzähler mit fundamentalen Fragen versehen, deren brisanteste wiederum lautet: Was hat sich in der Welt der Guldenberger seit den dreißiger Jahren geändert? Wurde Marlene damals von den Guldenbergern den Tötungsinstitutionen des Staates als unwertes Leben denunziert - damals gab sich die Mutter als Marlene aus und wurde von den Nazis ermordet -, so ist ihre Ächtung und die ihres Vaters trotz dieses ungeheuren Leides heute verfestigter denn je, und die Gewalt gegen sie geht von den Bürgern selbst aus, da der Staat darauf verzichtet. Marlenes an die tote Mutter gerichtete Monologe weisen keine distinguierten Zeitebenen aus, sind keine Erinnerungen der 80er Jahre, sondern Dokumente eines konsequenten Gegenwartsbewußtseins (der 50er Jahre), das auch die Kindheit oder die Mutter in Gegenwartsformen inkorporiert. In gewissem Sinn lebt Marlene tatsächlich in einer Welt ohne Geschichte, die die Intellektuellen Guldenbergs theoretisch erörtern. Dem Leser dürfte freilich bald auffallen, daß er eine solche Welt nicht länger in eigenen Sinnkonstrukten rezipieren kann. Er sieht sich auf Leerstellen verwiesen, die Raum zu Spekulationen eröffnen. Wer z. B. ist Tante Hedel? Wer hat Marlene vergewaltigt? Kehren die Zigeuner wegen dieses erneuten Verbrechens an ihr nicht nach Guldenberg zurück? etc.

Gerade der Umgang der Guldenberger mit Marlene, ihrem Vater und den Zigeunern wirft die Frage auf, ob es in Guldenberg Alternativen zur Politk Kruschkatz' und seiner Partei gegeben hätte. Spodeck genießt es, diese Frage mit einem eindeutigen Nein beantworten zu können. Aus Thomas' und Gertrudes Leidensgeschichten kennt der Leser die glücksfeindlichen Strukturen der Kleinstadt und die politische Ethik ihrer Bürger. Kruschkatz weiß, welche politischen Konsequenzen der neuen Führung daraus erwachsen sind. "Es konnte nicht anders sein in dieser Stadt, die es gewohnt war, von fernen, nie erblickten Obrigkeiten ihr unbegreifbare Beschlüsse entgegenzunehmen, um ihnen unwillig und mit stillem Grimm zu genügen" (HE, 28). Kruschkatz' Analyse der Guldenberger Ethik stimmt mit Spodecks Chronik überein, anders als dieser kann er ihr aber keinen Sinn abgewinnen.

> Die Habsucht konnte ich begreifen und die Mißgunst, die Lust am Denunzieren und das argwöhnische gegenseitige Belauern, um nicht den Moment für den kleinen, eigennützigen Vorteil zu verpassen. Ich verstand auch ihre Hilfsbereitschaft, ihre freimütige und naive Offenheit und das sorglose, verschwenderische Vergeuden der Zeit, ihren ausgeprägten Sinn für Bürgertugenden und ihr unbeirrbares Festhalten an Grundsätzen, die sowohl Ehrgefühl wie Prägung durch die Gesetze der Väter verrieten. Was mich bestürzte und verwirrte, war die Entdeckung, daß die Einwohner von Guldenberg, und zwar jeder einzelne von ihnen, ohne jeden Beweggrund und offenbar ohne Bewußtsein der Unangemessenheit ihres Treibens die schäbigsten Interessen mit ihrer erstaunlichen Großzügigkeit verbinden und empfindungslos einer Geste selbstloser Herzlichkeit die filzigste Lumperei folgen lassen konnten. [...] Sie waren wie Tiere, wie Katzen, die mit unerwarteter Grausamkeit einen kleinen Vogel zerreißen, nachdem sie eben noch hilflos und wärmebedürftig geschnurrt oder sich dem Rhythmus ihrer eleganten Bewegung hingegeben hatten (HE, 152f.).

An dieser verstörten Beobachtung Kruschkatz' läßt sich ablesen, daß seine Vernunftlehre die Bürger von Guldenberg nicht trifft und an ihrer realen psychischen Befindlichkeit vorbeidenkt, so daß der sozialistische Staat schon von daher versucht war, seine Lehre zum diktatorischen Machtinstrument zu entwickeln. Glaubt man Spodeck und Kruschkatz, aber auch den Erinnerungen von Thomas und Gertrude, so hätten die Guldenberger kaum einen alternativen Sozialismus zustande bringen können.

Kommen wir noch einmal auf Horn zurück, dessen Ende zum Anlaß des Romans wurde. Alle Erinnerer sind sich in einem Punkt einig: Horns Motive, die zwar seltsam im Dunkeln bleiben, deren subjektive Berechtigung aber auch nicht angezweifelt werden kann, wurden an eine Lebenshaltung verraten, die Horns intellektuelles und biographisches Scheitern unausweichlich machten: an Verbitterung, Einsamkeit und unmenschlichen Verzicht auf Anteilnahme und Solidarität. Horn will nichts von den Menschen, sondern von der Geschichte, überfordert sich und seine Mitbürger und hat in dieser Beziehung am wenigsten gelernt. Das wird nicht nur am Pathos der Zwischentexte deutlich, sondern schon am Pathos, mit dem er diese Frage noch zu Lebzeiten dramatisierte. Den kleinen Thomas schockiert er mit folgendem Satz: "Nein das verstehst du nicht. Die Wahrheit oder die Lüge, das ist eine entsetzliche Verantwortung. Wer das wirklich begriffen hätte, würde keinen Schlaf mehr finden" (HE, 68). Hier deutet sich eine intellektuelle und politische Entfremdung an (eine Hirnwütigkeit à la Schlötel), die bereit ist, die Wahrheit des Denkens über das Leben zu stellen. Es ist diese so aufrechte wie tödliche Haltung, die Kruschkatz zu sagen berechtigt: "Horn war für diesen Tod bestimmt wie ein Ochse für den Schlachthof. Er war nicht lebenstüchtig. Er war für ein Leben unter Menschen nicht geeignet" (HE, 72). Gleichzeitig ist Horn im Recht. Der kleine Thomas z. B. muß am eigenen Leib erfahren, daß das Entsetzen vor dem historischen Wahrheitsanspruch kein leeres Pathos ist. Im Guldenberger Heimatmuseums erlebt er die Bedrohung des Vergangenen: "Die leuchtenden Augen der Tiermumien dagegen, die Leben vorzutäuschen hatten und trotz aller Kunstfertigkeit seelenlos und abgestorben auf mich starrten, sie strahlten eine tödliche Bedrohung aus" (HE, 64). Diese bedrängende Faszination der Leben fordernden Toten ist die Kehrseite des Wunsches nach Befreiung aus der Geschichte: "mein Wunsch war es allein, mich von dieser Stadt und den schlimmen elf Jahren meines bisherigen Lebens vollständig zu lösen. Ich wollte sie vergessen, austilgen, so gründlich, als seien sie nie gewesen. Ich fürchtete, daß diese Stadt und meine Kindheit mir immer anhängen und nie mehr auszulöschen sein werden" (HE, 65). Statt dessen zwingt die Faszination des Widerwillens und der Angst Thomas, sich eben der Arbeit zu widmen, der er entkommen möchte: "in einem verstaubten Museum herumzukramen, belanglose, geborstene Tonscheiben zu sortieren und in vergilbten Papieren zu stöbern" (HE, 67). Er wird zum "Kollegen" des Historikers Horn (HE, 69), und diesem Umstand dürften wir den Roman verdanken.

> - Wieso ich? Warum haben Sie mich ausgesucht?
> - Ich habe dich nicht ausgesucht. Das warst du selbst. [...]
> -Hast du es immer noch nicht begriffen, Junge? Du bist es, der mit den Toten nicht leben kann. Du bist es, der darüber reden muß (HE, 191).

Denn die Geschichte kennt nur eine Alternative zur Aufklärung: die mystisch-religiöse Bannung und Vertreibung "der schweren Gedanken der unglücklichen Toten" (HE, 58): "geistliche Exerzitien" (HE, 200), das *Dies Irae* des Priesters oder die "Hexenkünste[n]" (HE, 58) von Gertrude Fischlingers Freundin Jule. Nach Horns Tod betritt sie als erste sein Zimmer. "Sie verbrannte Weihrauchstäbchen auf einem Porzellanteller und murmelte dabei Gebete. [...] als der Weihrauch verbrannt war, öffnete sie beide Fenster und sagte, [...] 'Es hilft gegen schlechte Geister'" (HE, 58). "Sie wollte die Seele und die Gedanken des Toten bannen" (HE, 200).

Es gibt keine Aufklärung ohne Geschichte. Gleichzeitig ist die Geschichte immer Legitimation, und der Roman erkundet, wie sich Legitimationsprozesse nicht nur in der geschichtsphilosophisch argumentierenden Ideologie des Staates behaupten, sondern auch im privaten Bewußtsein seiner Bürger. Häufig dient die Metapher des Schleiers dazu, die Funktionsweise einer rechtfertigenden Geschichtsschreibung auch in den individuellen Weltkonstruktionen der einzelnen Figuren, vornehmlich im momentanen Zerbrechen, "zerspringen" (HE, 173) ihrer Lebensphilosophie aufleuchten zu lassen. "Geschichte ist hilfreiche Metaphysik, um mit der eigenen Sterblichkeit auszukommen, der schöne Schleier um den leeren Schädel des Todes" (HE, 24). Als Dr. Spodeck den Irrtum seines Zynismus' durch Christines Liebe entdeckt, heißt es: "Und plötzlich riß der barmherzige Schleier, in dem ich mich schützend verborgen gehalten hatte" (HE, 173). Gertrude Fischlingers illusionärer Schleier einer geborgenen Existenz als Frau und Mutter zerreißt bereits in der Hochzeitsnacht auf brutalste Weise: Als ihr Mann "am Morgen den zerrissenen, blutigen Schleier sah, lächelte er und sagte: 'Du warst die älteste Jungfrau, die ich je hatte. Aber besser spät als nie" (HE, 55). Gertrude Fischlingers Schleier bleibt zerrissen, ihr Leben bleibt leidvoll, aber ohne Illusionen. Erst als die Männer ihr Haus endgültig verlassen haben, fühlt sie, wie oben angesprochen, wie ihr Herz zu atmen beginnt. Selbst Marlenes fremdes Bewußtsein muß das Zerreißen ihres Hochzeits-Märchens erfahren: "Er hat mich gepackt und auf die Erde geworfen, daß ich glaubte, ich werde ohnmächtig. Er hat meine Kleider zerrissen, weil er rasch zu meiner Muschi wollte" (HE, 235).

Hein scheut sich dennoch nicht, auf die Frage nach der Möglichkeit historischer Wahrheit eine kleine Antwort zu geben. Dem jungen Thomas gegenüber kommentiert Horn seine Arbeit folgendermaßen: "Ein paar Steine, ein paar Scherben, aber die Wahrheit. Das ist nicht wenig, mein Junge" (HE, 67). Wahrheit gibt es in der Literatur wie in der Archäologie nicht im großen Wurf der geschichtsphilosophischen Konstruktion, die nicht umhin kann, Ideologie zu sein, vielleicht aber im konkreten Detail der kleinen Entdeckung, zumal wenn es sich um vorgeschichtliche Zeugen handelt, die nicht in den Sinnkonstruktionen der Schrift überliefert sind und ein kleines Potential besitzen, sich ihr zu widersetzen. In der DDR der fünfziger Jahre wurde auch diese kleine Wahrheit, soweit ihr unterstellbar war, den ideologischen Diskurs herauszufordern, laut Heins Bericht nicht geduldet. Schließlich mag man diesen Befund auch noch in der DDR-Literatur der achtziger Jahre bestätigt sehen. Auch Heins Prosa hat sich auf die Wahrheit der kleinen Beobachtung des Alltags zurückgezogen und weiß zugleich sehr wohl, daß gerade in dieser Wahrheit Sprengkraft für die ideologische Mauer der Gesellschaft steckt.

Exkurs zu Walter Benjamin

Für Walter Benjamin macht die Möglichkeit historischen Verstehens in der Arbeit am kleinen Detail einen Grundgedanken seiner Geschichtsphilosophie aus.

> Oder: auf welchem Wege es möglich ist, gesteigerte Anschaulichkeit mit der Durchführung der marxistischen Methode zu verbinden. Die erste Etappe dieses Weges wird sein, das Prinzip der Montage in die Geschichte zu übernehmen. Also die großen Konstruktionen aus kleinsten, scharf und schneidend konfektionierten Baugliedern zu errichten. Ja in der Analyse des kleinen Einzelmoments den Kristall des Totalgeschehens zu entdecken. Also mit dem historischen Vulgärnaturalismus zu brechen. Die Konstruktion der Geschichte als solche zu erfassen.[77]

Benjamins Gedanken zur Theorie einer materialistischen Geschichtsschreibung setzen sich zum einen mit der Gewalt des deterministischen geschichtsphilosophischen Schemas auseinander und stellen zum anderen die konkrete Geschichte seiner Opfer in den Mittelpunkt. Es geht ihm um ein historisches Bewußtsein, das die dominate Geschichtsschreibung, die immer eine Legitimation und Zelebration der Sieger der Geschichte ist, zumindest punktuell durchbrechen kann. Gleichzeitig kann auch Benjamin nicht gänzlich auf einen teleologischen Fluchtpunkt verzichten. Er reduziert ihn freilich mit relativer Konsequenz zu einem bloßen (theologischen) Mythos, dem er eine politische und geschichtsphilosophische Konkretisierung weitgehend verweigert, dem Mythos vom Anbruch der messianischen Zeit.

In seinen geschichtsphilosophischen Thesen zitiert Benjamin ein Marxsches bon mot: "Marx sagt, die Revolutionen sind die Lokomotive der Weltgeschichte" (WB, 1,3: 1232). Die Figuren in Christoph Heins Drama und Prosa haben, als Reisende der Weltgeschichte, den utopischen Anspruch dieser Geschichtsteleologie auf unterschiedlichen Stationen ihres

---

[77] Walter Benjamin, *Gesammelte Schriften*. Hg. Rolf Tiedemann und Hermann Schweppenhäuser. (Frankfurt 1974), Bd. 5,1: 575. Hiernach Band und Seiten hinter dem Kürzel WB im Text.

Lebensweges verabschiedet, und einige haben zudem an sich selbst die legitimistische Funktion dieses Glaubensbekenntnisses erkannt. Ohne Fahrplan und Ziel führt ihre Reise ins irgendwo bzw., in Dr. Spodecks Worten, in die kreisförmige Bahn des Fortschritts der Niedertracht. Benjamin wandelt Marx' Wort ab: "Aber vielleicht ist dem gänzlich anders. Vielleicht sind die Revolutionen der Griff des in diesem Zuge reisenden Menschengeschlechts nach der Notbremse" (ebd.). Eine der unausgesprochenen Fragen von *Horns Ende*, an der sich die Erinnerer abmühen, lautet, ob das, was als die Revolution der DDR gilt, solch ein Griff nach der Notbremse hätte sein können. Das sie es nicht war, gibt der Text auf allen Ebenen zu erkennen. Geschichtsphilosophisch erhofft Benjamin sich viel vom historischen Bruch, dem Stillstand der Geschichte im Neuanfang der revolutionären Aktion. Denn erst dieser Moment ermöglicht die Geschichtsschreibung, die er anstrebt und die seines Erachtens den Namen Historischer Materialismus verdient. Benjamins Thesen kreisen in ihren vielfältigen Vorstufen immer wieder um den Gedanken, daß Geschichtsschreibung nicht Einfühlung (Historismus) und nicht kausalverknüpfte Aufreihung sein kann, da sie sich so nicht aus ihrer Tradition, der Geschichte der Sieger, die das Vergessen der Besiegten impliziert, lösen kann. Vielmehr soll die materialistische Geschichtsschreibung sich ihres kognitiven Konstruktivismus und der damit einhergehenden Konsequenzen für ihren Wahrheitsanspruch bewußt sein, soll sie wissen, daß sie Konstruktion der Geschichte der Unterdrückten im Augenblick der revolutionären Aktion zu sein hat. Wie der Engel der Geschichte (WB, 1,2: 697) richtet die materialistische Geschichtsforschung den Blick nicht nach vorn, sondern zurück auf das Elend der Opfer, deren Geschichte die Krise des Augenblicks erfüllt. "Historische Erkenntnis gibt es allein für sie [die Unterdrückten] und für sie einzig im historischen Augenblick" (WB, 1,3: 1243). Benjamin verabschiedet nicht allein die teleologische Struktur des Marxschen Geschichtsbegriffs, er bekennt sich (gegen das Kontinuum einer Universalgeschichte) zugleich zu einem hermeneutischen Konstruktivismus, dessen Wahrheitsanspruch aus der Wahrheit der revolutionären Bewegung der Gegenwart entspringt. "Die Geschichte ist Gegenstand einer Konstruktion, deren Ort nicht die homogene und leere Zeit sondern die von 'Jetztzeit' erfüllte bildet. Wo die Vergangenheit mit diesem Explosivstoff geladen ist, legt die materialistische Forschung an das 'Kontinuum der Geschichte' die Zündschnur an" (WB, 1,3: 1249). Das heißt freilich auch, daß die Wahrheit und der Wahrheitsanspruch der Geschichtserfahrung sich ihrer eigenen Historizität bewußt sein müssen. Denn sobald

114

man Benjamins Theologie, den teleologischen Anspruch der messianischen Zeit abstreicht, liegt es zumindest heute auf der Hand, daß aus der materialistischen Geschichtsschreibung der Opfer allzu bald die Geschichte der Sieger wird, daß die Notbremse also früher oder später erneut gezogen werden muß. Benjamins Begriff der messianischen Zeit zielt letztlich im theologischen Sinn auf die Aufhebung der Geschichte. Anders als etwa das Telos der kommunistischen Gesellschaft zielt diese Theologie darauf, die anstehende oder erhoffte Revolution aus der progressiven Dialektik der materialistischen Geschichte herauszuheben. Im Augenblick der Revolution kommt es für den materialistischen Historiker darauf an, die Geschichte zum Stillstand zu bringen. Im Stillstand wird sie nicht länger als Moment der Progression begriffen, sondern im durchaus theologischen Sinn als Erlösung. Ist dieser Gedanke einerseits zum realen und verhängnißvollen Bestandteil des ideologischen Mythos' der sozialistischen Revolution geworden, so haftet ihm andererseits eine kognitionskritische Wahrheit an. Erst im Augenblick der revolutionären Tat kann die Geschichte der Sieger unterbrochen und die Geschichte der Opfer begriffen werden. Die Problematik dieser doppelten Stoßrichtung der Benjaminschen Geschichtsphilosophie kommt in Heins Drama, *Passage*, zum Ausdruck (vgl. das folgende Kapt.). Die erinnernden Historiker in *Horns Ende* sind im Augenblick der Erinnerung wie in den Momenten des Erinnerten von dem Anspruch aktueller politischer Zeitgenossenschaft, den die Geschichte an die Gegenwart stellt, weiter denn je entfernt. Wang, Ah Q und der Ärztin Claudia nicht unähnlich sitzen sie in gelähmter Erstarrung und hinter verhängten Fenstern im Wagon des historischen Zuges, dessen Notbremse sie nicht länger finden und dessen Fahrtrichtung sie nicht länger interessiert. Die Form des Romans spiegelt diesen Zustand eines Erinnerns, dessen Mosaiksteinchen sich nicht zu einem Ganzen historischer Erkenntnis fügen können und erst da Einsichten zeitigen, wo die Erinnerer sich selbst als Opfer erfahren müssen.

Gleichsam als Gegenpol zum Telos der messianischen Zeit wirft Benjamin den Gedanken der flüchtigen, vorbeihuschenden historischen Erkenntnis im momentan aufblitzenden Bild oder in der unwillkürlichen Erinnerung in die Debatte. Damit kann die Erfahrung der Erlösung gerettet werden, ohne daß der Anbruch der messianischen Zeit behauptet werden müßte. Gleichzeitig wird diesem Gedanken die Frage nach der historischen Erkenntnis der individuellen Erinnerung inkorporiert. "Das wahre Bild der Vergangenheit *huscht* vorbei. Nur als Bild, das auf Nimmerwiedersehen im

Augenblick seiner Erkennbarkeit eben aufblitzt, ist die Vergangenheit festzuhalten" (WB, 1,2: 695). In einem früheren Versuch dieser These fährt er fort: "Seiner Flüchtigkeit dankt es, wenn es authentisch ist. In ihr besteht seine einzige Chance. Eben weil diese Wahrheit vergänglich ist und ein Hauch sie dahinrafft, hängt viel an ihr. Denn der Schein wartet auf ihre Stelle, der sich mit der Ewigkeit besser steht" (WB, 1,3: 1247). Deswegen kann Benjamin folgende Forderung an die Form der Geschichtsschreibung aufstellen: "Mit dieser Bestimmung bestätigt sich die Liquidierung des epischen Momentes in der Geschichtsdarstellung. Der unwillkürlichen Erinnerung bietet sich - das unterscheidet sie von der willkürlichen - nie ein Verlauf dar sondern allein ein Bild. (Daher die 'Unordnung' als der Bildraum des unwillkürlichen Eingedenkens)" (WB, 1,3: 1243).

Die Form des Heinschen Romans (wenn nicht Heins Ästhetik überhaupt) folgt dieser These, und seine Geschichtsphilosophen formulieren sie: Es gibt keine Wahrheit der Geschichte als Kontinuum, es gibt Wahrheit nur in der Willkür der Erinnerung aufblitzender Bilder. Wahrheit erreichen die erinnernden Historiker da, wo sie ihr Unglück und ihr Versagen begreifen, wo ihre unwillkürliche Erinnerung sie selbst in die Tradition der Besiegten stellt, wo sie sich als Teil der Katastrophe des Fortschritts erleben. "Die Katastrophe ist der Fortschritt, der Fortschritt ist die Katastrophe" (WB, 1,3: 1244). Über diesen Zeilen steht: "Das Eingedenken als der Strohhalm" (ebd.). Benjamin verzichtet dabei keineswegs, wie bereits angesprochen, auf das messianische Pathos der materialistischen Geschichtsschreibung, das jetzt zum Pathos des Eingedenkens der unwillkürlichen Bilder wird. "Geistesgegenwart als das Rettende; Geistesgegenwart im Erfassen der flüchtigen Bilder; Geistesgegenwart und Stillstellung" (ebd.). Die Forderungen des toten Horn an den schreibenden Thomas greifen dieses Pathos auf.

> So stark wie der destruktive Impuls, so stark ist in der echten Geschichtsschreibung der Impuls der Rettung. Wovor kann aber etwas Gewesenes gerettet werden? Nicht sowohl vor dem Verruf und der Mißachtung, in die es geraten ist als vor einer bestimmten Art seiner Überlieferung. Die Art, in der es als 'Erbe' gewürdigt wird, ist unheilvoller als seine Verschollenheit es sein könnte (WB, 1,3: 1242).

Horns Suizid ist der äußerste Schritt, sich diesem Erbe zu entziehen. Deshalb ist seine Forderung nach Erinnerung eine Forderung nach Strafe, wie der schreibende Thomas sie empfindet. Denn solange Horns Erinnerern die Erkenntnis des Augenblicks ihres Erinnerns nicht gelingt, und daß würde eine politische (revolutionäre) Handlung voraussetzen, ist Horn nicht zu beerben. Dr. Spodecks Eingedenken seiner unwillkürlichen Bilder z. B. formuliert keine historische Erkenntnis, sondern verharrt im Mythos.

> Die Grundkonzeption des Mythos ist die Welt als Strafe - die Strafe, die sich den Straffälligen erst erzeugt. Die ewige Wiederkehr ist die ins Kosmische projezierte Strafe des Nachsitzens: die Menschheit hat ihren Text in unzähligen Wiederholungen nachzuschreiben. [...] Den Gedanken der ewigen Wiederkunft im neunzehnten Jahrhundert noch einmal denkend, macht Nietzsche die Figur dessen, an dem das mythische Verhängnis sich nun vollstreckt. Denn die Essenz des mythischen Geschehens ist Wiederkehr (WB, 1,3: 1234).

Nietzsches Geschichte der ewigen Wiederkehr der Niedertracht wird im Roman in Spodecks Guldenberger Chronik geschrieben. Zugleich hat dieser Mythos seine Struktur auch den literarischen Zitaten des Romans aufgeprägt: etwa dem Märchen (von Marlene und den Zigeunern), dessen Leidensstruktur in der Romantik noch den Kern der politischen Katastrophe allegorisieren konnte.

Passage

Benjamin selbst ist den Weg Horns, den Weg des Freitods gegangen. Heins Kammerspiel *Passage* bietet Bilder der letzten Station dieses Weges, des letzten Tages in einem südfranzösischen Grenzort in der Nähe von Port-Bou. Über drei Akte verteilt, stellen fiktive Erinnerungsbilder, Szenen und Diskurse die Fragen nach dem Damals und die Fragen nach dem Heute in vielschichtiger Komplexität und Interdependenz. Die Frage nach dem Warum von Benjamins Freitod ist die Frage nach historischem Begreifen und historischer Wertung aus der Aktualität des Heute, und das Unbegriffene und auf Antwort Drängende der Theorie und Psychologie des historischen Intellektuellen umreißt das begriffslose Vakuum der zeitgenössischer Aktualität verpflichteten Theorie und benennt das Versagen ihrer Psychologie. Heins Spiel mit der Geschichte ist wiederum auch ein Spiel mit dem spezifischen Rezeptionshorizont der DDR der achtziger Jahre: Ein Kammerspiel, dessen antifaschistische Helden im Hinterzimmer und darüberhinaus von hermetischen Staatsgrenzen eingeschlossen sind, ohnmächtig auf Visas, Ausreisegenehmigungen und Passagen warten, lethargisch intellektualisierend die Zeit verdrängen, Bewegung im Stillstand üben und erleiden. Die im Zuschauerraum versammelten Erben des Antifaschismus können ihre Tradition als Parabel ihres eigenen gegenwärtigen Lebensgefühls rezipieren. Daß dieses Paradox auf der Bühne der DDR möglich ist, hat Klaus Dieter Kirst in seiner Dresdener Inszenierung unter Beweis gestellt.

Die Gegenwart begreift sich nur als Vergangene, das Vergangene nur als Aktualität der Gegenwart. Das gilt zumal für die Schrift, für das Begreifen von Benjamins Schrift z. B., die in den dramatisierten Bildern seiner letzten Station allgegenwärtig ist. Beeindruckt von Prousts Erzähltechnik der mémoire involuntaire fordert Benjamin auch von der materialistischen Geschichtsschreibung ein Festhalten und Festschreiben der Wahrheit des unwillkürlich und momentan aufscheinenden Erinnerungsbildes. Daß die Form der Erinnerung selbst von Tradition durchtränkt ist - in der Kunst etwa die Traditionen der Gattungen, Figuren und Szenen - gibt Heins Drama bereitwillig zu erkennen. Seine Bilder enthalten Strukturgerüste, die der Zuschauer bereits kennen kann, die sowohl Bestandteil seiner Literaturerfahrung als auch seines Geschichtsbegriffs sein können. Ja er mag sie so sehr kennen (seit Jahrzehnten auch aus schlechten Filmen und Büchern), daß ihm manche bereits als psychologische, dialogische oder situative Klischees verdächtig geworden sein dürften. Kunst konstruiert sich wie Geschichte aus den abgegriffenen Bildern überkommener Traditionen, und wo es der großen ästhetischen Erfindung oder der großen historischen Idee nicht gelingt, sie mit verantwortungsvollem Blick auf das Heute neu zusammenzufügen, bleibt nur die Skepsis am Detail oder der Ausdruck des Unbehagens an dem, was sich noch nicht überwinden läßt, bzw. das befreiende Vergnügen seiner Parodierung oder Dekonstruktion.

Einige dieser überkommenen Bilder, die Heins Stück gefangen halten, und, aus denen auszubrechen, das Anliegen seiner Ästhetik ist, lassen sich bündig auflisten: die Liebe des deutschen proletarischen Antifaschisten und des französischen Dorfmädchens; die Kaffeehausbesitzerin, deren Geschäftsethik die Aufnahme und Bewirtung der Flüchtlinge im Hinterzimmer einschließt; die Dorfbauern, deren Duldung des illegalen Exils zwischen Widerwillen gegen und Neugierde auf die Exotik des fremden Schicksals schwankt; der deutsche Kommunist, der seine Identität im Pathos der konspirativen Arbeit sucht, den historischen Umschlag des Stalinismus nicht begriffen hat und unbedarft auf die Hilfe der USA setzt;[78] die großbürgerliche Hausdame eines Prager Salons, die auf der Flucht die Arbeit einer Küchenhilfe kennenlernt und sich gezwungen sieht, selbständig, d. h. ohne die gewohnte Führung ihres Mannes, zu entscheiden, ob sie auf eben ihn zu warten habe oder sich selbst in Sicherheit bringen soll; der deutsche Offizier a. D. jüdischer Abstammung, der an seinen deutsch-nationalen Identitätsillusionen hängt und im Augenblick höchster Gefahr dennoch zu seiner Tradition und Religion zurückfindet, im Bewußtsein von Auschwitz zur Ethik des Neuanfangs findet; der Bürgermeister des französischen Dorfes, der vor der Gestapo nach vorne, in den illegalen Widerstand flieht; die antifaschistische Heldin aus dem Elsaß, die den Transport der Flüchtlinge unerschütterlich nach der praktischen Vernunft des Augenblicks organisiert und aufrechterhält; schließlich der absonderliche deutsche Gelehrte, der bloß seiner Wissenschaft lebt, dessen Lebensweise und Denken den anderen fremd und merkwürdig bleibt und dessen resignativer, forderungsloser Humanismus dennoch geschätzt wird.

---

[78] Benjamin hat sich übrigens eingehend mit der Geschichte der Konspiration auseinandergesetzt (vgl. B 5,2: 745-763).

Dieser Gelehrte der Sinologie hat wie andere Figuren auch einen sprechenden (bzw. in der historischen und fiktiven Literatur über das südfranzösische Exils bereits bekannten) Namen.[79] Er heißt Dr. Hugo Frankfurther. Die fremde Wissenschaft der Sinologie assoziiert Benjamins von Sprachphilosophie, jüdischer Tradition, der Literatur des 19. Jahrhunderts sowie geschichts- und erkenntnistheoretischer Reflexion gespeiste Kritische Theorie des Zeitalters der Moderne, und Dr. Frankfuthers Hauptwerk zum theoretischen Gesetz der chinesischen Sprache und Kultur, an dem er lebenslang gearbeitet hat, ohne je in China gewesen zu sein, erinnert, so will es schon der Titel des Stückes, an Benjamins Passagen-Manuskript. Frankfurther äußert sich folgendermaßen über sein Werk:

> Ich fürchte, spannend ist es nicht. Leider. In dem ganzen Werk geht es nur um einen einzigen Buchstaben, einen einzigen chinesischen Laut. [...] Es ist jedoch ein besonders wichtiger Buchstabe, er hat über zweihundert Bedeutungen. Er ist so wichtig, daß ich von ihm ausgehend die Sprache und Philosophie der Chinesen erfassen kann.[80]

Erläutert Frankfurther Benjamins spezifische Methodik einer monadologischen Analyse und konstruktivistischen Montage (vgl. obiges Zitat aus WB, 5,1: 575), so verweisen sein Bedauern über die bisher erreichte Form seiner Darstellung sowie der sich anschließende Dialog auf die Frage nach der noch nicht erreichten Anschaulichkeit und dem Nutzen dieser Wissenschaft für die politische Gegenwart. "KURT Und wer soll so ein Buch kaufen? FRANKFURTHER Das weiß ich nicht. KURT Vielleicht die Chinesen. Dann kann es ein Geschäft für Sie werden" (P, 43). Tatsächlich haben die 'Chinesen' der europäischen Theorie Benjamins Werk inzwischen entdeckt. Mag sein politischer und kognitiver Erfolg auch noch ausstehen, der geschäftliche Erfolg ist beachtlich. Die Dialoge zwischen Frankfurther und seinen proletarischen und bürgerlichen Mitflüchtlingen erhellen die Ferne der Theorie (des Theoretikers) zu ihren (seinen) Objekten, aber sie versu-

---

[79] Es finden sich sowohl Namen aus dem historischen Widerstand bzw. der südfranzösischen Fluchthilfeorganisation (z. B. Grenier, Joly, Lisa) als auch Namen und andere Versatzstücke aus Anna Seghers' Roman *Transit* und Klaus Manns Roman *Vulkan* (z. B. Marie, Hirschburg, Deutschmann).

[80] Christoph Hein, *Passage* (Darmstadt 1988), 42f. Hiernach im Text hinter dem Kürzel P.

chen auch, diese unüberbrückte Fremde mit Hilfe der Theorie zu begreifen und zu bewerten. Das verleiht dem Stück bisweilen den Charakter eines Schlüsseldramas, soweit es vor dem Hintergrund von Benjamins Theorie rezipiert werden will. Hein bedient sich auch in diesem Werk der Technik der Anspielung, eine Technik, die beim Zuschauer/Leser/Interpreten häufig die beunruhigende Frage aufwirft, ob er denn auch alle Anspielungen mitbekommen habe (daß es darauf ankommen könnte, legt bereits der Titel nahe). Passage ist zudem der Begriff, der die geographischen, politischen, ideellen und existentiellen Über- und Durchgänge der Figuren des Dramas bezeichnet. Wenn man so will, steht der Sinologe zum Zeitpunkt des Dramas in mehrfacher Hinsicht an der Grenze zu China, obgleich das chinesische Visum, das er zu erwerben versuchte, ihm die Einreise verbietet.

Dr. Frankfurther und Kurt spielen Schach, so beginnt der erste Akt. Frankfurther bietet Kurt seine Hilfe an, um dessen bevorstehendes Matt zu verhindern. "Lassen Sie uns zusammen überlegen. [...] Zwei, drei Züge voraussehen, alle möglichen Reaktionen des Gegners einplanen, das ist alles. In unserer Situation ist es lebensnotwendig, das zu lernen" (P, 7). Kurt lehnt die Hilfe ab, gibt sich geschlagen, aber nicht ohne Frankfurther darauf hinzuweisen, daß seine Schachkünste, seine Situation wohl kaum verbessert haben. In der ersten der 1942 vom Institut für Sozialgeschichte im amerikanischen Exil publizierten geschichtsphilosophischen Thesen führt Benjamin das bekannte Bild von Poes betrügerischem Schachautomaten als Allegorie für die Möglichkeiten des historischen Materialismus an. Der Schachautomat verdankt seinen Erfolg einem in seiner Apparatur verborgenen Zwerg, der die Puppe an Schnüren lenkt. Die Automaten-Puppe Historischer Materialismus kann es laut Benjamin ebenfalls mit jedem ohne weiteres aufnehmen, wenn "sie die Theologie in ihren Dienst nimmt, die heute bekanntlich klein und häßlich ist und sich ohnehin nicht darf blicken lassen" (WB, 1,2: 693). Als versteckter Religionsersatz, als religiöse Offenbarung, kann der historische Materialismus alle Kontrahenten schlagen und die Massen begeistern, als kritische Wissenschaft wird er seine Entfernung vom Volk nur vergrößern und sich nicht retten können.[81] Der politische Aspekt dieser

---

[81] "Dem Begriff der klassenlosen Gesellschaft muß sein echtes messianisches Gesicht wiedergegeben werden, und zwar im Interesse der revolutionären Politik des Proletariats selbst" (WB, 1:1232).

Einsicht umreißt einerseits Benjamins Rückgriff auf theologische Strukturen und andererseits seine ideologiekritischen Beobachtungen am Stalinismus.[82] Der existenzielle Aspekt betrifft das Schicksal seiner eigenen Wissenschaft. Benjamin hat seine Wissenschaft immer auch als Fortführung theologischer Traditionen begriffen.

> [...] ich habe nie anders forschen und denken können als in einem, wenn ich so sagen darf, theologischen Sinn - nämlich in Gemäßheit der talmudischen Lehre von den neunundvierzig Sinnstufen jeder Thorastelle. Nun: Hierarchien des Sinns hat meiner Erfahrung nach die abgegriffenste kommunistische Plattitüde mehr als der heutige bürgerliche Tiefsinn, der immer nur den einen der Apologetik besitzt.[83]

"Mein Denken verhält sich zur Theologie wie das Löschblatt zur Tinte. Es ist ganz von ihr vollgesogen. Ginge es aber nach dem Löschblatt, so würde nichts was geschrieben ist, übrig bleiben" (WB, 5,1: 588). Daß dem Historischen Materialismus als theologischem Katechismus ein langes und mächtiges Überleben gesichert war, hat er unter Beweis gestellt. Der Kommunist Otto bietet im Stück (freilich von ihm auf die Kunst bezogen) das Stichwort: "Opium fürs Volk, jawohl" (WP, 39). Ob dieser Materialismus, diese Geschichtsschreibung und damit vielleicht auch Benjamins Theorie ihr Erkenntnis- und Kritikvermögen ihren theologischen Ansprüchen geopfert haben, bleibt zu fragen. Unmittelbarer stellt das Drama darüberhinaus (mit Kurt) die Frage nach der Praxis der wissenschaftlichen Theorie im Augenblick der Gefahr, der nicht analysierendes und planendes, sondern reaktives Verhalten erfordert. Benjamin selbst war von dieser Spannung fasziniert und hat (wie oben ausgeführt) versucht, sie als zentrale Erkenntnismöglichkeit in seine materialistische Geschichtsschreibung einzubauen.

Bereits der erste Dialog bietet eine Reihe weiterer Reizwörter, die Assoziationen zu Benjamins Werk und Biographie zulassen. Da finden sich

---

[82] Vgl. Walter Benjamin, *Briefe*. Hg. von Theodor W. Adorno und Gershom Scholem (Frankfurt 1966), 722 und 728.

[83] An den Herausgeber der *Neuen Schweizer Rundschau*, Max Rychner. *Briefe*, 524. Der theologische Aspekt des Benjaminschen Denkens wird u. a. in Bernd Wittes Monographie herausgestellt: *Walter Benjamin - mit Selbstzeugnissen und Bilddokumenten* (Reinbek 1985).

Hinweise auf seine großbürgerliche Erziehung und deren Tabus, auf seine Empfindlichkeit, emotionale Egozentrik und seine unzeitgemäße Psychologie. Da fließt z. B. der Begriff der Mode ein, der in der 14. Geschichts-These erörtert wird. Die Mode, "die eine vergangene Tracht zitiert [...], hat die Witterung für das Aktuelle, wo immer es sich im Dickicht des Einst bewegt. Sie ist der Tigersprung ins Vergangene. Nur findet er in einer Arena statt, in der die herrschende Klasse kommandiert" (WB, 1,2: 701). Der Prolet Kurt stößt Dr. Frankfurther durch das Zitat der damaligen Kindermode, den Matrosenanzug, auf die zwischen ihnen aktuelle Klassendifferenz, die sich in den unwillkürlichen Erinnerungen bestätigt, die sich Frankfurther von den Kindheitssommern im Seebad einstellen. Und Kurt stößt ihn mit einer Anspielung auf die Sexualität des Vaters auf das Ausmaß des Verdrängten, das den bürgerlichen Intellektuellen bis heute bedroht. "Eine endgültige Perspektive auf die Mode ergibt sich nur aus der Betrachtung, wie jeder Generation die gerade verflossene als das gründlichste Anti[a]phrodisiacum erscheint, das nur denkbar ist" (WB, 5,1: 113). Die Frage steht im Raum, ob die Theorie des bürgerlichen Intellektuellen, sein Tigersprung ins Vergangene, noch immer in einer Arena stattfindet, in der Spuren der herrschenden Klasse der gerade verflossenen Generation kommandieren.

Die Selbstzweifel des Gelehrten am Telos seiner Wissenschaft und Existenz werden erörtert.

> Schon als junger Mann schien mir nichts erstrebenswerter, als weise zu sein. [...] Viel zu wissen, um anderen raten zu können, das schien mir weise zu sein. Darum lernte und studierte ich. So kam ich zur Philosophie und den alten Chinesen. Ist das nicht komisch, Kurt? Und heute weiß ich endlich, daß ich keinem anderen Menschen raten kann. Daß ich schweigen sollte. Vielleicht ist das Weisheit (P, 10).

In der Tat ist Benjamins Denken ein Bewußtsein der Unzeitgemäßheit seiner radikalen schriftstellerischen Existenz, die sich an Sozialformen des 19. Jahrhunderts orientiert, inhärent. Etwas später kommt Frankfurther auf den chinesischen Weisen Wang Yang-Ming zu sprechen. Dieser repräsentiert den Typus des Gelehrten, der radikal nur seinem Denken lebt und dem es dennoch nach Verbannung und wiederholten Rückschlägen gelingt, pädagogisch und politisch wirksam zu werden, seinem Denken treu zu bleiben und trotzdem mehrere Verwaltungskarrieren zu durchlaufen. Diese geglückte Existenzform des Schriftstellers, deren Scheitern Benjamin z. B. an Gottfried Keller und radikaler als Lebensform der Boheme an Baudelaire und Proust beobachtet, bleibt auch ihm selbst noch von gesellschaftlichen

Zwängen verstellt, denen er den Namen der Moderne gibt. Von Wang Yang-Ming berichtet Frankfurther, daß es die Demütigungen des Exils waren, die ihm zu seiner Philosophie verhalfen. "In der Verbannung, in einer Wüste, mußte der gelehrte Mann als Pferdeknecht arbeiten. Aber dort fand er auch seine Philosophie. Er fand in der Verbannung seinen Gleichmut, seinen Humor, sein inneres Maß. In der Verbannung erst wurde er zu dem großen Philosophen" (P, 13). Hier werden Hoffnungen auf die Erkenntnispotenz der Krise angesprochen, die auf Benjamin, insbesondere auf seine Arbeit am Passagen-Manuskript, übertragbar scheinen. Frankfurther weiß freilich auch um den kompensativen Charakter dieses Erinnerns an einen heroischen Typus der Tradition. Auf Kurts Einwand - "Mit diesen weisen Sprüchen kommen wir nicht über die Grenze" -, antwortet Frankfurther: "Diese weisen Sprüche können über manche Grenze hinweghelfen. Auch das werden Sie noch erfahren" (ebd.).

In Wang Yang-Mings Biographie findet sich folgende Episode aus seinem Exil in Lungch'ang unter der Überschrift "The Enlightenment":

> The great object of his meditations at this time was: What additional method would a sage adopt who lived under these circumstances? One night it suddenly dawned upon him in the midnight watches what the sage meant by 'investigating things for the purpose of extending knowledge to the utmost.' Unconsciously he called out, got up and danced about the room. All his followers were alarmed; but the Teacher, now for the first time understanding the doctrine of the sage, said, 'My nature is, of course, sufficient. I was wrong in looking for principles in things and affairs.'[84]

Diese erkenntnistheoretische Einsicht führt Wang Yang-Ming nicht zum Schweigen, sondern zu seiner vielleicht zentralsten, bis heute erörterten Doktrin, die seine Ethik als Gelehrter und Politiker begründet. In den "Instructions for Practical Life" behauptet er die Einheit von Wissen und Handeln:

> This separation is due to selfishness and does not represent the original character of knowledge and practice. No one who really has knowledge fails to practice it. Knowledge without practice should be interpreted as lack of knowledge. [...] Those who to the very end of life fail

---

[84] *The Philosophy of Wang Yang-Ming.* Translated from the Chinese by Frederick Goodrich Henke (London, Chicago 1916), 13.

to practice also fail to understand. This is not a small error, nor one
that came in a day. By saying that knowledge and practice are a unit, I
am herewith offering a remedy for the disease. I am not dealing in ab-
stractions, nor imposing my own ideas, for the nature of knowledge
and practice is originally as I describe it.[85]

Wang Yang-Mings Erkenntnistheorie bietet zugleich eine frühe Kritik am
Typus des europäischen Intellektuellen wie auch ein historisches Modell für
den wissenschaftstheoretischen Sprung, der sich in Benjamins Denken in
den späten dreißiger Jahren vollzieht und vor allem seine Arbeit am *Passagen*-Manuskript bestimmt. Die für Benjamin zentralen geschichtsphilosophischen Konsequenzen dieser Kognitionstheorie (z. B. seinen Begriff historischer Erkenntnis im Augenblick der Revolution als Notbremse des
teleologisch argumentierenden Fortschritts) haben wir bereits angesprochen. Gleichzeitig ist dieser Traum von der Einheit von Wissenschaft und
politischer Aktion in Europa längst zur Illusion geworden, und so viele
Metaphern dieses Traumes Benjamin auch für seine eigene Arbeit und
politische Existenz findet, sie erweisen sich letztendlich nicht länger als geschichtsträchtig. Sie reduzieren Wissen und Erfahrung auf das Schock-Er-
lebnis oder auf Prousts mémoire involontaire (vgl. WB, 1,2: 609), also auf
privateste Momente des Erinnerns, die entsprechend literarisch, paradig-
matisch etwa in Benjamins *Berliner Kindheit*, mitteilbar sind, sich aber nicht
länger zu einer Theorie der Praxis fügen. Kurt bringt im Stück den politischen Mangel dieser Methodik zum Ausdruck: "Im Moment? Was ist denn
für Sie ein Moment? Ist das Philosophie? Ich bin seit acht Jahren auf der
Flucht. Das ist fast mein halbes Leben. Mit siebzehn mußte ich losrennen
und bin noch heute unterwegs. Haben Sie bitte die Freundlichkeit, auch
mal daran zu denken, bevor Sie wieder von einem Moment quatschen" (P,
10); "Es ist keine sehr praktische Wissenschaft, nicht wahr?" (P, 28). Mit
Otto, dem Kommunisten der konspirativen Praxis, kommt überhaupt kein
Gedankenaustausch mehr zustande: "Ich streite nicht mit ihm, Lenka. Ich
rede mit ihm überhaupt nicht" (P, 20).

---

[85] Ebd. 53-56. Eine zeitgenössische Auseinandersetzung mit den ethischen Impli-
kationen dieser erkenntnistheoretischen Doktrin bietet A. S. Cua, *The Unity of Knowledge and Action: A Study in Wang Yang-Ming's Moral Psychology* (Honolulu 1982).

In Heins Stück stoßen die politischen Ambitionen der Literatur aber nicht nur auf taube, sondern auch auf kritische Ohren.

> HIRSCHBURG Bücher, na ja. Jeder hat so seinen kleinen Luxus. [...] Sie denken jetzt, ein Kulturbarbar, natürlich. Vielleicht haben Sie recht. Aber Kultur hat für mich einen praktischen Wert, sie muß hilfreich sein. Das sind die Erfindungen und die großen Entdeckungen, die haben der Menschheit geholfen. Aber Literatur, Poesie, die ganze Kunst, sie tröstet, das ist alles. Sie überspringt die Realitäten, um die Menschen zu trösten. Das ist auch nur Religion. Hilfreich, aber nicht real. Und damit eigentlich nicht hilfreich, denn sie erlaubt die Welt anders zu sehen, als sie ist. Und für den, der sich von ihr trösten läßt, kommt ein schreckliches Erwachen (P, 38f.).

Benjamins *Passagen*-Fragmente gehen über die Thesen von *Das Kunstwerk im Zeitalter seiner technischen Reproduzierbarkeit* hinaus, indem sie eben diese von Hirschburg formulierte Analyse der kulturpolitischen Funktionalität von Literatur aufnehmen.

> Die Masse verlangt durchaus vom Kunstwerk (das für sie in der Abflucht der Gebrauchsgegenstände liegt) etwas Wärmendes. Hier ist das nächstzuentzündende Feuer der Haß. Seine Hitze aber beißt oder sengt und gibt nicht den 'Komfort des Herzens', der die Kunst zum Gebrauche qualifiziert. Der Kitsch dagegen ist garnichts weiter als Kunst mit hundertprozentigem, absolutem und momentanem Gebrauchscharakter. So stehen aber damit Kitsch und Kunst gerade in den konsekrierten Formen des Ausdrucks einander unvereinbar gegenüber. Für werdende, lebendige Formen dagegen gilt, daß [sie] in sich etwas erwärmendes, brauchbares, schließlich beglückendes haben, daß sie dialektisch den 'Kitsch' in sich aufnehmen, sich selbst damit der Masse nahe bringen und ihn dennoch überwinden können (WB, 5,1: 500).

Die neuen Formen der Kunst müssen sowohl den Kitsch als auch das 'schreckliche Erwachen' aus der konsekrierten Kunst-Erfahrung einer phantasmagorischen Wirklichkeit, von der Hirschburg spricht, in sich aufnehmen und befördern.

Otto kennzeichnet die Situation der Flüchtlinge im französischen Grenzort als "ein Spiel. Wir spielen Sommerfrische, das Dorf spielt den Ahnungslosen" (P, 23). Benjamin exemplifiziert das Schockerlebnis als Erfahrung der Moderne sowohl an der Interaktion des Industriearbeiters mit der Maschine als auch am coup der Hasardpartie. Er beschreibt dazu eine Lithographie von Senefelder, die einen Spielklub darstellt.

Nicht einer der auf ihr Abgebildeten geht in der üblichen Weise dem Spiel nach. Jeder ist von seinem Affekt besessen; einer von ausgelassener Freude, ein anderer von Mißtrauen gegen den Partner, ein dritter von dumpfer Verzweiflung, ein vierter von Streitsucht; einer macht Anstalten, um aus der Welt zu gehen. In den mannigfachen Gebarungen ist etwas verborgen Gemeinsames: die aufgebotenen Figuren zeigen, wie der Mechanismus, dem die Spieler im Hasardspiel sich anvertrauen, an Leib und Seele von ihnen Besitz ergreift, so daß sie auch in ihrer privaten Sphäre, wie leidenschaftlich sie immer bewegt sein mögen, nicht mehr anders als reflektorisch fungieren können (WB, 1,2: 633f.).

Dieses Bild bestätigt sich in den Figurationen des Heinschen Dramas. Das Hasardspiel an der französischen Grenze läßt seine Spieler rein reflektorisch agieren. So viel sie auch an geistesgeschichtlichem Gepäck mit ins Exil gebracht haben und andeutungs- und versuchsweise in die Debatte werfen, es bietet keine Handlungsanweisungen mehr und wird letztendlich zurückgelassen. Derjenige, 'der Anstalten macht, um aus der Welt zu scheiden', verweigert am Ende des zweiten Aktes im Angesicht der Gestapo das reflektorische Überleben und tötet sich mit Blausäure.[86] Er ist zugleich derjenige, der nicht bereit ist, auf sein Gepäck zu verzichten. "Das Manuskript muß gerettet werden. Es ist wichtiger als ich" (P, 51). "Es ist das Ergebnis meines ganzen Lebens" (P, 42). Lenka sagt an einer Stelle: "Stolz ist ein sehr sperriges Gepäck, wenn man auf der Flucht ist" (P, 14).

Die historische Rolle des Intellektuellen ist in Heins Drama auch für Bewertungen offen. Am deutlichsten kommt dieser Komplex vielleicht im mehrmals exponierten Begriff der Haltung zum Ausdruck. Immer wieder hat Frankfurther sich den anderen Figuren gegenüber vor diesem Begriff zu verteidigen. Kurts Reaktion auf Frankfurthers Weisheit des Schweigens: "Wir haben zu reden. Wir haben die Wahrheit zu sagen. Wenn Sie nur schweigen wollen, hätten Sie Deutschland nicht verlassen müssen. Schweigen kann man immer in Deutschland. Also wirklich, Herr Doktor, manchmal reden Sie wie ein Waschweib. [...] Haltung ist keine Frage des Alters,

[86] Benjamin nahm sich 1940 in der Nacht vom 26.9. zum 27. 9. im Grenzort Port-Bou mit einer Überdosis Morphium das Leben, nachdem ihm zusammen mit einer Gruppe von Flüchtlingen die Einreise nach Spanien wegen der fehlenden französischen Ausreiseerlaubnis verweigert worden war.

denke ich" (P, 10f.). Ottos Reaktion auf Frankfurthers Bitte um Schlaftabletten oder Morphium: "Es gibt auch Menschen, die sich nicht beständig rückversichern. Die Haltung haben und Haltung zeigen" (P, 20). Andere Begriffe, die diesen Komplex ansprechen, sind "Feigling" und "Opportunist" (P, 24) und schließlich 'sich aufgeben'. Hirschburg, der selbst auf die Gefahr, von ihnen verraten zu werden, auf seine gelben Schuhe nicht verzichten will: "Ich will die Schuhe nicht aufgeben, weil ich mich nicht aufgeben will. Mich nicht, und auch nicht die großen Worte" (P, 42).[87] Otto: "Solange wir uns nicht aufgeben, sind wir auch nicht verloren" (P, 50). Darauf Frankfurther: "Ich werde nicht klein beigeben, Otto. Ich werde nicht aufgeben, ich verspreche es Ihnen" (ebd.). Unmittelbar davor hatte Frankfurther einen Vergleich zur antiken Tragödie in die Debatte geworfen. "Ich klage nicht. Wie Sie sehen, bin ich ganz heiter. Es ist wie in einer antiken Tragödie: wir laufen und laufen, um zu erreichen, was wir flohen" (ebd.).

Im Kapitel "Die Moderne" von *Das Paris des Second Empire bei Baudelaire* stellt Benjamin den Selbstmord als die letzte heroische Tat der Moderne vor.[88]

> Die Widerstände, die die Moderne dem natürlichen produktiven Elan des Menschen entgegensetzt, stehen im Mißverhältnis zu seinen Kräften. Es ist verständlich, wenn er erlahmt und in den Tod flüchtet. Die Moderne muß im Zeichen des Selbstmords stehen, der das Siegel unter ein heroisches Wollen setzt, das der ihm feindseligen Gesinnung nichts zugesteht. Dieser Selbstmord ist nicht Verzicht sondern heroi-

[87] Die gelben Schuhe, die in grellem Kontrast zu der dunklen, derben Bauernkleidung der Flüchtlinge stehen, assoziieren auf Benjamins Versuch einer farbsymbolischen Analyse der Moderne in *Das Paris des Second Empire bei Baudelaire*. Benjamin zitiert Theodor Vischer: "was bei Baudelaire als Farbton in den dämmernden Prospekt der Moderne eingeht, liegt bei Vischer als blankes Argument im politischen Kampf zur Hand. 'Farbe bekennen', schreibt Vischer mit dem Blick auf die seit 1850 herrschende Reaktion, 'gilt für lächerlich, straff sein für kindisch; wie sollte da die Tracht nicht auch farblos, schlaff und eng zugleich werden?'" (WB, 1,2: 580f.).

[88] In welchem Maß ihn der Suizid als ethische Tat lebensgeschichtlich beschäftigte, versucht Witte hervorzuheben. Vgl. den Abschnitt zum Selbstmord des Jugendfreundes Heinle aus Verzweiflung über den Ersten Weltkrieg (Witte, 25f.) und den Abschnitt zu Benjamins eigenen Vorbereitungen zum Freitod im Tagebuch vom 7.8.1931 sowie Ende Juli 1932 in Nizza (Witte, 96ff.).

sche Passion. Er ist *die* Eroberung der Moderne im Bereich der Leidenschaften. So, nämlich als die passion particulière de la vie moderne, tritt der Selbstmord an der klassischen Stelle auf, die der Theorie der Moderne gewidmet ist. Der Freitod antiker Helden ist eine Ausnahme. [...] Der Selbstmord konnte sehr wohl einem Baudelaire als die einzig heroische Handlung vor Augen stehen, die den multitudes maladives der Städte in den Zeiten der Reaktion verblieben war (WB, 1,2: 578f.).

Benjamins Lebenswerk spitzte sich in den dreißiger Jahren darauf zu, diesen Befund der Moderne anhand von Baudelaire und dem Paris des 19. Jahrhunderts materialistisch-historisch zu verstehen und zu überwinden. Eine Passage zur Nach-Moderne blieb ihm sowohl lebens- als auch werkgeschichtlich verwehrt und bloße Utopie. In Heins Drama sagt Frankfurther: "Eine Schiffspassage habe ich noch nicht" (P, 45). Und auch die übrigen Figuren fragen: "In Marseille warten noch viele. Wer soll sie über die Pyrenäen führen?" (P, 50f.) Für die Überlebenden bedeutet der Dritte Akt 'Warten': "Einen Moment noch, Madame Grenier. Einen Moment wollen wir noch warten" (P, 75). Das untätige Ausharren in der Krise und an der Grenze bezeichnet für Benjamin einen grundlegenden Existenzzug der ausgehenden Moderne. Frankfurther klagt im Zweiten Akt: "Das Zittern ist mir vertraut. In mir ist alles in Unruhe. Ich könnte immerfort umherrennen. Wie ein eingesperrtes Tier an den Gitterstäben" (P, 41). Benjamin: "Und Langeweile ist das Gitterwerk, vor dem die Kurtisane den Tod neckt" (WB, 5,1: 110). "Je mehr das Leben administrativ genormt wird, desto mehr müssen die Leute das Warten lernen. Das Hasardspiel hat den großen Reiz, die Leute vom Warten freizumachen" (ebd. 178). Das historische Begreifen dieses Bildes vom großen lähmenden Warten liegt wie bereits in der *Wahren Geschichte des Ah Q* in der Aktualität der kulturellen und gesellschaftlichen Situation der DDR in den achtziger Jahren. Die Teleologie des Fortschritts hat sich an die phantasmagorischen Zweckzusammenhänge und Zwänge der industriellen Moderne verraten und bietet für ihre eigene Überwindung oder Unterbrechung keinerlei Logik. Die intellektuellen und revolutionären Verweigerer der Moderne und des Fortschritts sind wie schon Wang und Ah Q in gelähmtem, wenn auch wortreichem Warten erstarrt. Geschichte wird weder gemacht noch begriffen, aber sie wird als quälendes Warten erlebt.

Benjamins Suche nach einem alternativen Geschichtsbegriff entwickelt den Bruch mit der Teleologie des Fortschritts am Modell des Traums. "Das heißt: im Traumzusammenhange suchen wir ein teleologisches Moment. Dieses Moment ist das Warten. Der Traum wartet heimlich auf das Erwachen, der Schlafende übergibt sich dem Tod nur auf Widerruf, wartet auf die Sekunde, in der er mit List sich seinen Fängen entwindet" (WB 5,1: 492). In dieses Modell sind neben Freud ohne Zweifel Theoreme des Surrealismus eingegangen, von dem Benjamin sich gleichzeitig absetzt.

> Während Aragon im Traumbereiche beharrt, soll hier die Konstellation des Erwachens gefunden werden. Während bei Aragon ein impressionistisches Element bleibt - die 'Mythologie' - und dieser Impressionismus ist für die vielen gestaltlosen Philosopheme des Buches verantwortlich zu machen - geht es hier um Auflösung der 'Mythologie' in den Geschichtsraum. Das freilich kann nur geschehen durch die Erweckung eines noch nicht bewußten Wissens vom Gewesenen (WB, 5,1: 571f.).

So sehr dieses Modell an archetypischer Symbolik orientiert ist,[89] so sehr wird der Augenblick des Erwachens aus der Geschichte (in der Erkenntnis ihrer symbolischen Qualität) für die Aktualität des Erwachenden nicht zum kognitiven Selbstzweck, sondern zum methodischen Schritt des historischen Materialismus.

> Es kann als eines der methodischen Objekte dieser Arbeit angesehen werden, einen historischen Materialismus zu demonstrieren, der die Idee des Fortschritts in sich annihiliert hat. Gerade hier hat der historische Materialismus alle Ursache, sich gegen die bürgerliche Denkgewohnheit scharf abzugrenzen. Sein Grundbegriff ist nicht Fortschritt sondern Aktualisierung (WB, 5,1: 574).

Der historische Materialismus hat seine Dialektik laut Benjamin gerade in einer Erkenntnistheorie zu beweisen, die nicht nur der Fortschrittsteleologie, sondern auch dem bis heute gängigen Modell einer Widerspiegelungstheorie widerspricht. Der Augenblick des Erwachens ist der Augenblick dialektischer Erkenntnis des Gewesenen *und* Aktuellen im monadischen Bild des Erinnerten.

> Jede Gegenwart ist durch diejenigen Bilder bestimmt, die mit ihr synchronistisch sind: jedes Jetzt ist das Jetzt einer bestimmten Erkennbarkeit. In ihm ist die Wahrheit mit Zeit bis zum Zerspringen gela-

---

[89] "Daß zwischen der Welt der modernen Technik und der archaischen Symbolwelt der Mythologie Korrespondenzen spielen, kann nur der gedankenlose Betrachter leugnen" (WB, 5,1: 576).

den. (Dies Zerspringen, nichts anderes, ist der Tod der Intentio, der also mit der Geburt der echten historischen Zeit, der Zeit der Wahrheit, zusammenfällt.) Nicht so ist es, daß das Vergangene sein Licht auf das Gegenwärtige oder das Gegenwärtige sein Licht auf das Vergangene wirft, sondern Bild ist dasjenige, worin das Gewesene mit dem Jetzt blitzhaft zu einer Konstellation zusammentritt. Mit andern Worten: Bild ist die Dialektik im Stillstand. Denn während die Beziehung der Gegenwart zur Vergangenheit eine rein zeitliche ist, ist die des Gewesenen zum Jetzt eine dialektische: nicht zeitlicher sondern bildlicher Natur. Nur dialektische Bilder sind echte geschichtliche, d.h. nicht archaische Bilder. Das gelesene Bild, will sagen das Bild im Jetzt der Erkennbarkeit trägt im höchsten Grade den Stempel des kritischen, gefährlichen Moments, welcher allem Lesen zugrunde liegt. (WB, 5,1: 578).

Benjamin hat zahlreiche Elemente dieser kognitionskritischen Grundlage eines post-teleologischen Geschichtsbegriffs nicht selbst entdeckt, sondern - neben analogen Gedanken bei Baudelaire und in bezug auf die Methodik der Traumerinnerung im Erwachen bei Freud - vor allem bei Hermann Lotze gefunden.[90] Originär ist dagegen sein Versuch, den historischen Materialismus inclusive dessen Revolutions- und Utopiebegriff 'auf die Füße' dieser Erkenntnistheorie zu stellen. Es kann wohl keine Frage sein, daß dieses Unternehmen bis heute nicht geglückt ist.

Auch Heins Drama findet keine Antwort auf diese Frage, verweist den Leser aber auf eine alternative Tradition historischen Denkens (die auch in Benjamins Geschichtsbegriff Eingang gefunden hat). Das Stück bietet einen zweiten Helden, der einen anderen Weg für sich findet. Hirschburg läßt sein Gepäck, die geliebten Generalstabskarten, also seine Identität als deutscher Offizier, zurück und führt fünfzehn alte Juden in langen "Kaftanen, mit schwarzen Hüten, mit Schläfenlocken" (P, 66) über die Grenze. Hier kommt in der Utopie des Märchens bzw. der Legende eine andere Tradition zu Wort, die die Moderne (und vice versa) von je her geleugnet hat. "Sechzig Jahre, siebzig Jahre, ich weiß nicht. Jeder sieht aus, als sei er hundert Jahre" (P, 74).

---

[90] Hermann Lotze, *Mikrokosmos. Ideen zur Naturgeschichte und Geschichte der Menschheit. Versuch einer Anthropologie.* 2. u. 3. Bd. (Leipzig 1858 und 1864).

Der Tangospieler

Auch Heins jüngster Roman hat sich die Geschichte und den Umgang mit ihr zum Thema gesetzt. Diesmal erzählt Hein eine Episode aus dem Anpassungsprozeß eines 'real existierenden' historischen Materialisten der späten sechziger Jahre. Im Mittelpunkt des Romans stehen einerseits die Institution der Geschichtsverwaltung in der DDR und andererseits eine detaillierte Studie eines jungen Akademikers, der aufgrund grotesker Rechtssprechung aus dieser Institution ausgeschlossen wurde und in einem labyrinthischen Anpassungsprozeß, trotz einer großangelegten Verweigerung, auf nicht minder groteske Weise in sie zurückfindet. Die byzantinische Willkür der Zensurbürokratie, die glaubt auf jede Veränderung des staatlichen Machtinteresses unmittelbar reagieren zu müssen, wird mit schmerzlicher Komik bloßgestellt. Gleichzeitig werden die psychologischen Mechanismen eruiert, die dieser Staat in den Anpassungszwängen und Rebellionsgelüsten seiner Untertanen provoziert. Damit kann der Roman auch als Fortsetzung der Prosa der Entfremdung im realen Sozialismus gelesen werden, deren erstes Kapitel Hein mit der Novelle *Der fremde Freund* aufgeschlagen hatte. Das Experiment der Novelle, die Beschneidung des Politischen, wird im Roman fortgesetzt. Auch der Historiker Dallow zeichnet sich durch einen radikal privaten - diesmal aber bewußt aus einer psychologischen Zwangslage heraus gewählten -, geradezu anti-politischen Blick auf seine Welt aus. Der Zwang erlaubt diesem verengten Blick nunmehr eine weit unverhülltere Kritik am Alltag des sozialistischen Staates und verstellt dem Leser jeden hoffnungsvollen Ausweg, jede Möglichkeit zur Versöhnung.[91] "Der Ort der Handlung ist Leipzig, die Geschichte spielt 1968 und wird wahrheitsgemäß aufgezeichnet," so wird Hein auf dem Schutzumschlag zitiert.[92]

[91] Umso erstaunlicher ist es, daß der Roman gleichzeitig mit der westdeutschen Ausgabe auch in der DDR erschienen ist.

[92] Christoph Hein, *Der Tangospieler* (Frankfurt a. M. 1989). Seitenangaben hiernach im Text hinter dem Kürzel TS.

Peter Dallow, ein Oberassistent des Historischen Instituts der Universität Leipzig wurde 1966 zu zwei Jahren Haft verurteilt, weil er als Pianist bei einem Auftritt des Studentenkabaretts eingesprungen war und einen Tango begleitete, dessen satirischen Text, den Dallow erst während der Aufführung zu Ohren bekommt, die Zensur als "Verächtlichmachung führender Persönlichkeiten des Staates" (TS, 76) empfand: "Adios Muchachos. [...] Zwei rote Lippen und ein roter Tarragona" (TS, 89). Zwei Jahre später hat sich die Zensurpolitik verschoben, "[w]ir sind ein Stück weitergekommen" (TS, 40 und 53), und der vormals strafwürdige Tango kann vom städtischen Kabarett aufgeführt werden. Selbst Dallows Richter und Verteidiger werden vom ehemaligen Leiter des Studentenkabaretts zu einer Aufführung eingeladen. Der Richter belehrt Dallow über dieses Paradox mit folgenden Worten:

> 'Sie haben nicht recht, auch nicht nachträglich', sprach der Richter weiter, 'Ihnen ist kein Unrecht widerfahren, wie Sie wohl jetzt vermuten. Die heutige Aufführung offenbart kein an Ihnen begangenes Unrecht. Das Recht ist etwas Lebendiges und entwickelt sich. Wie die Gesellschaft. Aus Unrecht kann niemals Recht werden. Unrecht bleibt immer Unrecht, doch alles ist im Fluß, und man kann nicht zweimal in das gleiche Wasser steigen. Ihnen ist damals kein Unrecht widerfahren, mein lieber Herr Doktor Dallow. Und der heutige, übrigens wirklich amüsante Abend besagt nur, daß wir ein anderes Jahr schreiben. Der Fluß fließt, das werden Sie doch verstehen (TS, 141).

Die Situation erinnert etwas an Wolf Biermanns *Ballade vom Drainage-Leger Fredi Rohsmeisl aus Bukow* von 1962, zumal ein Schopenhauer lesender Rohrleger in Heins Roman auftaucht. Fredi Rosmeisl wird wegen Auseinandertanzens als Konterrevolutionär verurteilt und muß später seinen Staatsanwalt selbst legal auseinandertanzen sehen. Fredi ist verbittert und nachtragend, und Biermann rügt ihn dafür, da er sich gegen den Fortschritt stelle. Hein vermag die Verbitterung von Fredi und Dallow zwar nicht zu rehabilitieren, noch kann sein Held sie für sich fruchtbar machen, Biermanns politische Einschätzung wird aber allemal einer durchgreifenden Revision unterzogen.

Der Roman setzt mit dem Tag von Dallows Entlassung ein. Die Finger, die die Entlassungspapiere in der Handschrift eines Achtjährigen unterschreiben, signifizieren die psychische Befindlichkeit des in die Freiheit Entlassenen. "Sie waren steif und wie gelähmt. [...] den Fingern ist der Schreck in die Knochen gefahren" (TS, 7). Sie sind weiß "[w]ie die Wachsfinger eines Heiligen" (TS, 8). Eine minutiöse Mimikrie, die den Erzähler nicht von der Seite seines Helden weichen läßt und die in ihrer sachlichen Präzision und Kühle stilistisch an den Alltag der Ärztin Claudia anknüpft, entwickelt den existentiellen Grenzfall des Haftgeschädigten. Ihm ist "leicht schwindlig" (TS, 9), er ist "unangemessen gekleidet" (TS, 17), er spürt den "eisigen Wind" (TS, 22), er ist "ratlos" (TS, 23) und "kann [doch] nicht warten" (TS, 8). Der Strafentlassene hat weder Interesse an den Aktualitäten der Gegenwart noch an der Aufarbeitung seiner Vergangenheit. Selbst an der aktuellen Bedrohung des Prager Frühlings, die, wie Dallow beobachtet, von Arbeitern und Studenten erregt diskutiert wird, ist Dallow nicht interessiert. Die zwei Jahre Haft will er einfach vergessen. Gegen den Angriff des Staates auf die Würde seines Opfers scheint nur die lethargische Verweigerung zu helfen. Freilich bringt dieser radikale Austritt aus den staatlichen wie aus den kaum minder beschädigten subkulturellen Diskursangeboten einen unvorhergesehenen Identitätsverlust mit sich. "Es gab keinen sinnvollen Entschluß zu fassen, keine seiner Überlegungen hatte eine praktische Folge, und so blieb es nicht aus, daß sich auch seine Gedanken verwirrten und bald nicht mehr in Worten ausdrücken ließen" (TS, 22). Ein Gegenbild zu seiner verlorenen Identität findet Dallow in seinem Auto, das ja ebenfalls zwei Jahre stillgelegt war. "Die Maschine hatte die beiden Jahre der unfreiwilligen Ruhestellung unbeschadet überstanden. Sie arbeitete störungsfrei und zuverlässig. Beispielhaft, dachte Dallow, ich sollte mir mein Auto zum Vorbild nehmen" (TS, 23f.). Dieser Ansicht sind auch die meisten von Dallows alten und neuen Bekannten, mit denen er nach und nach und überaus vorsichtig oberflächliche Berührungen riskiert. Auf dieser Ebene der Konfrontation mit dem Alltag der DDR steckt der Roman, wiederum dem *Fremden Freund* nicht unähnlich, das DDR-spezifische Ausmaß von Entfremdung im Berufs-, Sexual-, Familien-, und Freizeitleben ab. Auch diese Gesellschaft will Maschinen und keine Bürger. Bisweilen spiegeln sich diese Tendenzen bzw. ihre Konsequenzen auch etwas direkter in unsinnigen Nötigungen auf allen gesellschaftlichen Ebenen. Man denke nur an die alltäglichen Schikanen der Polizei: "Ihr rechter Schmutzfänger ist nicht in Ordnung, damit können Sie nicht weiterfahren. [...] Wollten Sie etwas sagen?" (TS, 58f.); oder an die Aggressivität der Jugendlichen: "Plötzlich wurde sein Kopf gegen die Fensterscheibe gestoßen. Als er sich umwandte, sah er in ein grinsendes Mädchengesicht, dahinter standen lauernd ihre Freunde" (TS, 101).

An angebotenen Auswegen aus der Denk- und Entscheidungsunfähigkeit mangelt es nicht. Der Staat ist fürsorglich und setzt seinem verwundeten Opfer zwei Männer vom Staatssicherheitsdienst auf die Spur, die ihn für Spitzeldienste im historischen Insitut anwerben wollen. Als Lockvogel dient Dallows Wiederanstellung an der Universität. Doch der hat die Flucht noch längst nicht aufgegeben und weist dieses Angebot als Angriff auf seine Würde zurück, die es andererseits erst noch zu erringen gilt. Zu diesem Zweck versucht Dallow sich im Individualismus und läßt sich auf dessen Mißverständnisse ein. Das staatliche Unrecht, so glaubt er, hat seine Selbstachtung nicht in Mitleidenschaft gezogen, vielmehr war es erst der Auslöser des Entdeckungprozesses, als dessen Ziel ein anderer, eigentlicher Dallow anvisiert ist. Dallow beschließt, 1968, das Jahr seiner Entlassung in die Freiheit, beim Wort zu nehmen und zu seiner privaten Stunde Null, zur Chance zum Neuanfang zu machen. Er rechnet sich aus, daß sein Sparbuch ihm ein arbeitsfreies Jahr gewährt, das er gänzlich seinem Experiment der neuen Identitätsfindung widmen will. Die Zeit vertreibt er sich zunächst mit One-Night-Stands, die sich nur einmal fast zu einer Beziehung entwickeln. In einem Land, das ein Recht und eine Pflicht zur Arbeit kennt, ist es nicht leicht, "eine feste Anstellung zu vermeiden, nur um jeder, selbst der geringsten Nötigung zu entgehen" (TS, 85). Nicht nur deshalb bleibt das große Experiment auf die freie Entfaltung des Individuums, wenn das denn zu finden ist, bereits im Ansatz stecken. "Er sagte sich zwar immer wieder, daß dies für ihn die Chance eines vollständig neuen Anfangs sei, der seltene Glücksfall eines wirklichen Neubeginns, den es nur wahrzunehmen gelte. Tatsächlich aber war er beherrscht von einer ihm kaum erklärlichen Unruhe, die ihn umtrieb und verunsicherte" (TS, 67).

Für Historiker kann es freilich keine Stunde Null geben, und Dallows Ausstieg aus der Gesellschaft bedingt den Ausstieg aus der Geschichte bzw. ihrer Wissenschaft. Das fällt nicht weiter schwer, denn Dallow weiß längst um die Fragwürdigkeit seiner vormaligen Lehre. "Wieviel Disziplin und Nachsicht war doch notwendig, um sich in jedem Jahr für solche Dummheiten herzugeben. Und wieviel Hochmut" (TS, 35). "Wenn von einer Wissenschaft nur noch Anekdoten übrigbleiben, wird es ermüdend" (TS, 105). Dennoch bleibt Dallow dieser defekten Wissenschaft verhaftet und praktiziert im Umgang mit seiner Lebensgeschichte, was er früher im Großen gelehrt hatte. Sein Konkurrent Roessler, der die begehrte Dozentenstelle des Institut ergattert hat, rät ihm: "am besten, du vergißt alles. Vergiß die dumme Geschichte. Natürlich wird das für dich nicht leicht sein, aber es wäre die beste Grundlage, einen völlig neuen Anfang zu machen. Vergiß, was passierte, orientiere dich auf deine Zukunft" (TS, 40). In diesem Ratschlag, den Dallow sich selbst längst verordnet hat, steckt in nuce das Dogma des vorgestellten staatlichen Geschichtsbegriffs. Aber wozu Staaten in der Lage sind, steht darum noch lange nicht im Verfügungsbereich des Individuums. "[...] ich will nichts vergessen. Ich werde auch nichts verzeihen" (TS, 172). Das Wort Zukunft verursacht Dallow "eine Lähmung des Gehirns" (TS, 40).

> Dallow malte unermütlich Linien und Kreise auf das Tischtuch [einen Augenblick vorher auch Spiralen]. Vermutlich, sagte er sich dann, ist Zukunft einfach nur eine Verlängerung dessen, was geschehen ist oder gerade erfolgt. Roessler braucht nur das weiterzumachen, was er bisher Tag für Tag gemacht hat, er braucht nur auf seinem Stuhl sitzenzubleiben, und seine Zukunft ist sicher, hell und klar. Aber eben dieses bloße Weitermachen war für ihn selbst ein Problem. [...] das Gefängnis hatte ihn entlassen, diese Vergangenheit war beendet worden, von ihr aus konnte er keine Linien bis zu jenem großen und leeren Bogen Papier ziehen, auf dem seine Zukunft sich darstellen würde. Er hatte keine Vergangenheit, keine, von der aus er ein paar taugliche Schritte machen konnte, keine die eine Fortsetzung erlaubte, die ihm künftige Entscheidungen abnahm, indem sie auf die allernatürlichste Art nur eine einzige Entscheidung zuließ. 'Ohne Vergangenheit gibt es keine Zukunft', sagte er laut. Und dann lächelte er, weil er sich erinnerte, diesen Satz schon mehrfach in seinen Vorlesungen und Seminaren gesagt zu haben, damals, in jener Vergangenheit, die hinter seiner Vergangenheit lag. Er hatte diesen Satz stets mit dem dafür notwendigen Pathos gebraucht, aber sein eigentlicher Sinn ging ihm erst jetzt auf (TS, 41).

Dallow kommt hier der Einsicht nahe, daß sein Experiment auf die persönliche Freiheit impliziert, sich seine Geschichte neu herstellen zu müssen, die Bedeutung der Haft und sein Verhältnis zu ihr in politischen Dimensionen zu ermessen, die zugleich ein politisches Licht auf die Vergangenheit vor seiner Vergangenheit werfen würden. Solch eine politische Handlung aber wäre nur um den Preis der privatisierten Abschottung der angestrebten Restfreiheit möglich.

> Die Zelle, so stellte er nun fest, war auch ein vertrautes Umfeld gewesen, ein Zuhause, in dem er geborgen war, und die Freiheit, so erwünscht und ersehnt auch immer, war ihm fremd geworden und unheimlich. Er begriff, daß er dabei war, sich wieder eine Zelle zu schaffen, abgeschlossen und abgeschieden, ängstlich darauf bedacht, die Zellentür zuzuhalten (TS, 62).

Immer wieder hört Dallow den Satz: Wir stehen alle mit einem Bein im Zuchthaus. "Dallow nickte. 'Das habe ich schon einmal gehört', sagte er.

'Offenbar steht das ganze Land mit einem Bein im Zuchthaus. Bis auf die Strafgefangenen und die Vollzugsbeamten [...]'" (TS, 90). Welche Philosophie ist diesem existentiellen Zustand angemessen? In der Kneipe einer Schrebergartenkolonie erhält Dallow von einem Brigadier, (Biermanns?) Rohrleger, einen überraschenden Hinweis: Schopenhauer. "[...] haben Sie etwas bei Schopenhauer gelernt?' [...] der Rohrleger sah ihn an und sagte: 'Ich habe gelernt, daß der gerade Weg das Labyrinth ist'" (TS, 97). Dallow schlägt seinerseits eine andere Form des Nihilismus vor, die Dr. Spodecks Philosophie aus *Horns Ende* aufgreift: "'Ein Lichtspiel. Die Welt ist ein Lichtspiel.' [...] Alle Existenz ist an das Licht gebunden und existiert insofern nicht wirklich. Ist nur ein Lichtspiel, ein Phänomen der Optik, wie das Kino. Und was sind Lichtspiele und Wasserspiele, ein Zeitvertreib aus Nichts" (TS, 96).

In den folgenden Wochen muß Dallow seine existentielle Krise voll durchleiden. Im Dorf seiner Kindheit, auf dem verfallenen Bauernhof des Vaters kommt ihm zu Bewußtsein, daß "er bislang und bis zum Ende seiner Tage einem Nullsummenspiel aufsitzen würde" (TS, 69). Die Beleidigung, die der Sohn verdrängen will, wird vom Vater erlitten. "Dallow begriff, daß die Trostlosigkeit seines Vaters mit seinem Erscheinen nicht beendet war, daß die Gefängnisstrafe des Sohnes für ihn eine schmachvolle Kränkung war, die er unbeteiligt hinzunehmen hatte, ohne die Möglichkeit, sich aufzulehnen und damit einem persönlichen Rechtsgefühl Genugtuung zu verschaffen, um der eigenen Ehre willen" (TS, 73). Nicht politisch, nicht einmal bewußt, sondern zwanghaft vegetativ setzt sich schließlich auch in Dallow ein Aufbegehren durch, das Rache für die erlittene Beleidigung fordert. Nach mehreren possenartigen Begegnungen mit dem bedrohlich komischen Paar seines Richters und Verteidigers folgt Dallow dem Richter in einen nächtlichen Park und beginnt ihn auf einer Parkbank zu würgen. "Warum haben Sie mich nicht in Ihrem Namen verurteilt, Herr Doktor Berger? Oder im Namen der Justiz oder des Staates. Wieso ausgerechnet im Namen des Volkes? Dazu hatten Sie kein Recht. Sie haben das Volk nicht befragt" (TS, 163). Diese Frage taucht freilich mit so grundsätzlichem Ernst aus dem Abgrund des Verdrängten auf, daß sie von keiner Figur des Romans ernst genommen werden kann. Die Konsequenz dieser einfachen Wahrheit darf auch Dallow sich zugunsten seiner privaten Ansprüche nicht zu Bewußtsein kommen lassen. "[...] es ist nur eine nervöse Störung, eine konvulsive Überreaktion noch aus der Haftzeit, wie der Arzt mir sagte. Es wird langsam besser" (TS, 183f.). Der Richter antwortet: "Das ist ja eine äußerst gefährliche Krankheit, Dallow" (TS, 184).

Zu diesem Zeitpunkt hat Dallow bereits verloren. Er weiß, daß er dem Zugriff des Staates nicht entkommen kann. Eine Frau, die ihm auf dem Flur des Gerichts Hilfe anbietet, brüllt er an: "Was haben Sie? Macht, Geld, Einfluß, Beziehungen? [...] Sie haben nichts von all dem? Wie wollen Sie mir da helfen?" (TS, 185). Der Richter sorgt dafür, daß das Historische Institut Dallow erneut eine Stelle als Oberassistent anbietet. Dallow lehnt ab. "Das wäre, als würde ich mir selber ins Gesicht spucken" (TS, 173). "'Das wäre', begann er erneut, 'als würde ich meine Verurteilung unterschreiben'" (TS, 187). Er muß aber innerhalb von drei Tagen einen anderen Arbeitsplatz nachweisen. Es ist ein kleiner Triumph, daß er sich mit einer Stelle als Saisonkellner auf einer Ostseeinsel aus der Affäre ziehen kann. Vorausgegangen waren die Demütigungen der erfolglosen Arbeitssuche als Kraftfahrer. Dallows Karriere als Gesellschaftswissenschaftler und damit in den Augen der Werksleiter und Personalräte als Politischer ist irreversibel. Auf einem anderen Gleis läßt die Gesellschaft ihn nicht mehr fahren. Schulze und Müller, die Anwerber der Stasi, können ihm seine Situation erklären. "Man will keinen Ärger haben. Und wenn ein promovierter Historiker als Kraftfahrer arbeiten will, das riecht förmlich nach Ärger" (TS, 159). Tatsächlich war bereits der Entschluß, Kraftfahrer zu werden, nicht mehr als eine Notlösung. Dallows Suche nach einem freien, selbstbestimmten Neuanfang war schon vorher gescheitert.

> Er hatte eine Freiheit gewonnen, die er zu nutzen nicht fähig war. Er war nicht einmal in der Lage, sie zu ertragen. Das war für ihn eine überraschende Erfahrung und eine bedrückende dazu, denn jetzt wußte er, daß längst alle Weichen seines Lebens von ihm oder anderen gestellt waren und er nur noch den vorgeschriebenen Weg zu Ende zu gehen hatte, unfähig, etwas zu ändern. Er würde durch nichts mehr von sich überrascht werden, und auch die Gefängnisjahre hatten nichts daran geändert. [...] Es gab nur eine Unterbrechung, von der er, nachdem sie nun einmal passiert war, gehofft hatte, sie würde noch eine letzte, wichtige Weichenstellung erlauben. Aber, und das ahnte er jetzt, er verstand nicht, die Chance zu nutzen, es war umsonst, es blieb ein bedauernswerter, nichtssagender Unfall. Wie eine kleine elektrische Eisenbahn hatte man ihn von der gleichförmigen Schiene genommen, und nun würde er zu nichts anderem fähig sein, als sich darum zu bemühen, daß die Räder dieses kleinen Spielzeugs ohne weitere Erschütterungen und Stöße und möglichst paßgerecht wieder auf der alten Schiene aufgesetzt werden, damit das Spielzeug weiter

den endlosen, weil als Schlaufe angelegten Schienenstrang abfahren konnte (TS, 116f.).

Schließlich empfindet er "Heimweh" nach dem "verordneten Tagesablauf [...], er vermißte das gedankenlose und entscheidungsfreie Dahinleben" (TS, 121). Bevor er wieder dahin zurückfindet, bedarf es nach einem Tief an Verfolgungswahn und Kontaktsperre freilich noch weiterer psychischer, emotionaler und politischer Abschottung, die Dallow schrittweise an sich erlebt, bis er als Kellner sein Privileg über ein Mangelprodukt der DDR, Ferienwohnungen, ungerührt nutzen kann und alle drei Tage ein anderes Mädchen in seinem Bett übernachten läßt, "als möbliertes Zimmer mit Herrn gehandelt" wird (TS, 208). Emotionen existieren nur noch aus zweiter Hand, als Beobachtung fremder Gefühle. Ein Mädchen, das über den Einmarsch der Truppen in Prag weint, erregt ihn. "Dallow spürte belustigt, daß sie ihn jetzt verachtete, und bekam Lust, mit ihr zu schlafen" (TS, 211). Dallow weiß um seine psychische Situation, hat aber endlich gelernt mit ihr zu leben, ja sie zu genießen.

> [...] und mit der langsam spürbar werdenden Ermüdung erfüllte ihn ein Gefühl alles umfassender Gleichgültigkeit. Fasziniert betrachtete er die Windflüchter, jene vom Wind bizarr verformten Bäume. Dallow erschienen sie wie Gewächse, die ihren ständigen Demütigungen erlegen waren und eine ihn anrührende Form gefunden hatten, mit ihrer Bedrückung zu leben. Der gerade Weg ist das Labyrinth, erinnerte er sich und lächelte. Das Wort erschien ihm zu angestrengt und unangemessen aufwendig. Er sah auf das Wasser hinaus und dachte, daß alles sehr viel einfacher sei. Und gelassen und zufrieden setzte er seinen Weg fort (TS, 203).

Er ist reif für die Rückkehr ins Historische Institut, sogar für die Übernahme einer Dozentenstelle. Und es ereignet sich eine Posse, die Roessler aus der Dozentur jagt, für die dann niemand besser geeignet ist als Dallow, der schließlich auch seine alte Freundin, die er vorübergehend an Roessler hatte abtreten müssen, zurücknehmen wird. Roessler hielt am Tag der Prager Besetzung um sieben Uhr morgens eine Vorlesung. Als die Studenten ihn mit Fragen zu den nächtlichen Ereignissen bestürmten, von denen sie in westlichen Medien gehört hatten, "erklärte Roessler, die Meldungen über den Einmarsch in Prag seien nichts als eine erneute westliche Provokation, schloß militärische Maßnahmen gegen die befreundete Tschechoslowakei kategorisch aus und berief sich dabei auf ältere Zeitungsmeldungen und Kommentare von Staat und Partei" (TS, 213). Nach der Vorlesung nahm er "leichenblaß" die TASS-Notiz einer Tageszeitung zur Kenntnis (TS, 214). "Sechs Stunden später war er von seinem Amt suspendiert" (TS, 214). Roessler hatte, wohl aufgrund des frühen Vorlesungstermins, ein einziges Mal die Losung des Tages verpaßt. Was für die Karrierekämpfe am Historischen Institut eine Posse ist, ist für die Tschechoslowakei das blutige Ende ihres Frühlings.

Die politische Geschichte hat auch den Freiheitskampf Dallows, dieses unpolitischsten und unhistorischsten Historikers, eingeholt. Kurz vor Rostock begegnet ihm ein Armeetransport, und Dallow erlebt in einer nächtlichen Vision vielleicht zum letzten Mal seinen verschütteten Wunsch und zum ersten Mal die Angst seiner neuen Position:

> Er stellte sich vor, der Junge würde die Gewalt über den Panzerwagen verlieren. Er sah, wie der Eisenkoloß plötzlich aus der Reihe brach und sich mit schlingernden Bewegungen auf ihn zu bewegte. [...] Das Panzerfahrzeug schob Dallow in seinem Wagen vor sich hin, stieß ihn in den Straßengraben und überrollte ihn schließlich. Er sah sich selbst zu, wie er in seinem sich überschlagenden Wagen ruhig sitzen blieb, die verkrampfte, schmerzende Hand um den Lenker gekrallt, bis er, noch immer lächelnd, in dem Auto zerquetscht wurde. Dallow träumte mit offenen Augen, während die Armeefahrzeuge bereits wieder weiterfuhren. [...] Er bemerkte das Zittern seiner rechten Hand und nahm sie vom Steuer, aber schon nach einigen Sekunden ließ das Zittern nach, der befürchtete Krampf blieb aus. 'Das hätte es sein können', sagte Dallow laut zu sich und massierte die Hand. 'Vielleicht war's meine letzte Chance' (TS, 216).

Zu Hause setzt er sich zum ersten Mal seit seiner Verhaftung wieder ans Klavier und spielt keinen Tango, sondern

> ihm geläufige Klavierstücke von Chopin und sah dem stummen Film seines Fernsehgerätes zu, der Soldaten zeigte, die von der Bevölkerung begrüßt und offenbar von Armeegenerälen besucht wurden. Frauen mit kleinen Kindern auf de[m] Arm warfen Blumen zu den auf ihren Panzern sitzenden Soldaten, andere Bilder zeigten Prager Bürger im freundschaftlichen Gespräch mit den Soldaten (TS, 217).

Dallows labyrinthische Anpassung ist kein Einzelfall. Der ehemalige Leiter des Studentenkabaretts etwa nutzt das Unrecht, das ihm vom Staat widerfahren ist, um sich als Literat zu etablieren, und verwandelt es in der Pose des Bohemien in klingende Münze. Was Dallow von ihm unterscheidet, ist ein schmaler Grad Bewußtheit, mit dem er seinen scheiternden Ausbruchsversuch und seine Wiedereingliederung an sich erfährt. Es ist dieser Bewußtheitsgrad, der Dallows Schicksal erzähltechnisch paradigmatischen Charakter verleiht, sein Psychogramm zur potentiellen Psychologie der

DDR-Gesellschaft werden läßt. In welcher Schärfe der Roman diese Psychologie zu formulieren vermag, soll abschließend das folgende Zitat aufzeigen:

> Wie ein entlaufener und verwildeter Hund, dachte er. [...] Entlassene Häftlinge, sagte er sich, sind diesen armseligen Hunden vergleichbar, sie wirken räudig, sind struppig, laufen mit ständiger Angst vor Prügeln durch die Stadt, beharrlich auf der Suche nach etwas, das sie nicht kennen und doch sehnsüchtig aufzuspüren suchen. Sie sind verschlagen und bissig und unberechenbar, und doch sind sie nur auf der Suche nach einem neuen Herrn, der sie tätschelt und schlägt und dem sie die Hand lecken können. Und nach dessen Hand sie irgendwann einmal, und nur weil sie noch immer nach dem unauffindbaren Etwas suchen, schnappen werden, leicht und spielerisch oder mit ihrer ganzen unverbrauchten Wut und ihren tödlichen Zähnen (TS, 122).

Die Ritter der Tafelrunde

Mag die unmittelbare Tagespolitik auch einem Trauerspiel gleichen, literarisch gestaltet sie sich nahezu zwangsläufig als Komödie. So ist denn auch Christoph Heins aktuellstes Drama der psychologischen und ideologischen Krise an der Spitze der politischen Struktur der DDR, im März 1989 am Dresdner Staatsschauspiel uraufgeführt, eine dreiaktige Komödie geworden. Die Idee ist bestechend: Das Politbüro als gealterte Restbesetzung der einst glorreichen Artusrunde, die kurz vor der Auflösung steht. Der Gral ist auch diesmal (in der zweiten Hälfte des 20. Jahrhunderts) nicht gefunden worden, die Legitimation des einst mächtigen Reiches ist dahin, das Volk verbittert, vom Erzfeind Klingsor hat man lange nichts gehört. So harren die alten Helden tagein tagaus in ihrer Burg aus, streiten mit den Frauen, die längst an Artus' reparaturbedürftigem Tisch zugelassen sind, beschwören den Glanz der alten Kämpfe, die gefallenen Helden, besiegten Feinde und geopferten Abweichler. Verbitterte 'Hardliner', skeptische Reformer und hoffnungslos Resignierte vertreiben sich die Zeit in Scheindisputen um die Lehre vom Gral.

Keie fordert noch immer die Ermordung der Abweichler. Aber die bestimmen ja längst den Ton der Artusrunde; und gehört Artus selbst nicht bereits zu ihnen? Orilus glaubt, das Königreich und die Jugend mit einer Neuauflage der einst so beliebten Turniere retten zu können. Aber wer von den alten Männern könnte denn noch ein Pferd besteigen, und wer im Land würde an solch einem Spektakel noch teilnehmen wollen? Diese beiden Gralskämpfer sind zu unbelehrbaren Gralshütern geworden. Artus' Sohn Mordret, ein Vertreter der 'no-future'-, Null-Bock-Generation, weist des Vaters Erbe von sich und beklagt die Sinnleere seiner Existenz. Parzival redigiert unermüdlich eine oppositionelle Zeitschrift, widerlegt die reine Lehre seiner dogmatischen Gegner Keie und Orilus, die zugleich seine einzigen Leser sind. Artus sieht all dem hilflos zu und duldet, weiß er doch, daß sein Weg zum Gral gescheitert ist, und die einzige Hoffnung in dem Neuen besteht, das da kommen wird, so unbarmherzig es auch mit seiner Lehre und Politik abrechnen mag. Unterbrochen wird der geschlossene Kreislauf dieser konsequenzlosen Debatten von den Sticheleien der Frauen, von Ehekrach und scheiternden Affären. Jeder könnte ja mit jedem schlafen, wenn auch kaum noch mit großem Vergnügen. Man kommt weder im Privaten noch im Politischen von der Vergangenheit los und kann sie doch nicht mehr leben. Die eigene Überholtheit begreifen zu müssen, hieße den eigenen Tod zu erahnen, und das vermögen in voller Konsequenz nur die, die noch auf einen Ausweg hoffen können, also die jungen Leute (Mordret und Kunneware), die wissen, daß sie an Artus' Hof um ihr Leben betrogen werden.

Es geschieht fast nichts, die Mahlzeiten betimmen den Tagesablauf. Einmal schließt Jeschute sich mit Mordret in ihrem Zimmer ein und wird von ihrem Mann Orilus nach dem Frühsport gesucht. Schließlich erfahren wir, daß Artus einen Brief von Gawein erhalten hat, den er tagelang mit sich herumträgt und dessen Inhalt er nur zögernd und fragmentarisch preisgibt. Auch Gawein hat die Suche nach dem Gral aufgegeben und beschlossen, sein Leben im Schloß der hundert Frauen nachzuholen.

> Er will dort das Land bebauen, pflügen und ernten, er will mit Frauen leben und Kinder haben, um - wenn es soweit ist - ruhig unter einem selbst[g]ezogenen Apfelbaum zu sterben. Er will wie ein Bauer leben, denn alles andere sei vergeblich. Vor allem will er nie wieder ein Buch anfassen. Die Bücher, schreibt er, hätten ihn vergiftet. Sie hätten einen schönen Traum in seine Seele gepflanzt, ein trügerisches Märchen, dem er sein Leben lang wie ein Narr hinterhergelaufen sei.[93]

Auch das ist freilich ein längst überholter Traum. Denn man weiß von der ökologischen Katastrophe, in die man das Land getrieben hat. In Artus' Reich wird es in vierzig Jahren keine Bäume mehr geben und wohl auch kein Leben mehr.

> Ginerva: Ja. Auf dem ganzen Kontinent keine Bäume mehr.
> Parzival: Das ist bekannt, Ginerva. Es gibt allerdings auch andere Zahlen, etwas freundlichere.
> [...]

---

[93] Christoph Hein, "Die Ritter der Tafelrunde," abgedruckt in *Theater der Zeit* 7 (1989): 55-64; hier 63. Seitenangaben hiernach im Text hinter dem Kürzel RT. Der Text ist auch im Luchterhand Literaturverlag (Frankfurt 1989) erschienen und wurde in *Theater Heute*, 7 (1989): 27-35 abgedruckt. Zu den politischen und dramaturgischen Umständen der Dresdener Aufführung vgl. Hartmut Krugs Bericht und Heinz Klunkers Zusammenfassung der DDR-Rezensionen (ebd. 23-26).

Ginerva: Wie könnt ihr das so gelassen hinnehmen? Es kümmert euch gar nicht. Aber in vierzig Jahren werden die Leute sich fragen, warum wir nicht aufgeschrien haben vor Entsetzen.

[...]

Kunneware: Irgend etwas sollten wir tun. Irgend etwas. Etwas völlig anderes, um uns zu retten.

Jeschute: Das wäre in der Tat angebracht. Aber wie du siehst, hat man hier andere Probleme (RT, 60).

Schließlich reitet ein "alter Mann [...] mit weißen Haaren" (RT, 60) durchs Tor. Es ist Lancelot, der als letzter von der Gralssuche zurückkommt. Auch er hat den Gral nicht gefunden, und in hilfloser Resignation hat es ihm die Sprache verschlagen. Erst als Artus aus Anlaß seiner Rückkehr noch einmal eine formelle Sitzung der Artusrunde anordnet, öffnet er den Mund:

Ich habe den Gral gesucht, ich habe ihn nicht gefunden. Ich habe euch nichts zu sagen. [...] Wenn der Gral auf der Welt wäre, ich hätte ihn finden müssen. Überall habe ich nach ihm gefragt, aber keiner hat ihn je gesehen. Ich habe alle Kontinente bereist, er ist nicht zu finden. [...] Er ist überhaupt nicht vorhanden. Vielleicht ist er im Verlauf der Zeit zu Staub zerfallen. [...] Oder er ist nicht mehr auf dieser Erde. Oder er ist wirklich nur eine Idee. Unvergänglich, aber nur eine Idee (RT, 62f.).

Die komischen Anachronismen des Stücks lassen die Parabel von der gealterten Tafelrunde und der gescheiterten Gralssuche ohne Vorbehalte im Detail wie in der Gesamtstruktur durchlässig werden für aktuelle Politik und Ideologie. Die Komödie spielt ähnlich wie der *Ah Q* auf allen Ebenen auf den aktuellen Kontext der DDR an und bietet vielfältigen Anlaß zur komischen Verarbeitung von Tagespolitik. (Entsprechend konnten die Aufführungen in der DDR laut Augenzeugenberichten zu expliziten politischen Demonstrationen werden.) Realisierte die dramatische Struktur des *Ah Q* die hoffnungslose Wartenshaltung der Revolutionsphilosophie, so hat sich dieses Warten jetzt spezifiziert: Es ist ein Warten auf den Untergang. Und die Revolutionsphilosophie selbst gibt sich als anderes zu erkennen: als eine der Heilslehren, die die deutsche Literatur seit dem Mittelalter beherrschen. Eben die Frage nach diesem Mechanismus des idealistischen Chiliasmus macht letztlich den Kern des Dramas aus. Sie wird am unmittelbarsten im letzten Akt während der letzten Tafelrunde verhandelt, von der nach und nach alle Ritter aus unterschiedlicher Borniertheit aufstehen, so daß Artus den Rest Wahrheit, der ihm verblieben ist, auf den letzten Zeilen einzig Mordret, seinem Sohn und Nachfolger, mitteilen kann. Heins Drama ist auch in dem Sinn eine Komödie, daß es trotz allem eine Art versöhnendes Ende vorschlägt.

Was ist der Gral? Was ist die Gralssuche? Für Keie ist die Lehre vom Gral die ausgrenzende Ordnung, die seine Aggressionen zu legitimieren und zu steuern hat: gegen die Frauen, gegen die Jugend, gegen das rebellische Volk, gegen die andere Ordung des äußeren Feindes, den alten Klingsor. Orilus bietet die Lehre vom Gral die Sicherheit einer komfortablen, schein-harmonischen Lebensweise: Sicherheit gegen die Unruhe der Intellektuellen und die Glücksansprüche der Frauen, Sicherheit für Frühsport, Müsli, Schnaps und Entertainment. Parzival verleitet sein ins Wanken geratener Glaube an die Möglichkeit des Grals zum intellektuellen Spiel. Wir erfahren nur von einer seiner Ideen, mit der er in seiner Zeitschrift und in nichts bewegenden Diskussionen seine orthodoxen Tischgenossen provoziert. "Orilus, wie du bin ich mein Leben lang auf der Suche nach dem Gral gewesen. Ich bin durch die ganze Welt gekommen, es gibt ihn nicht. Und wenn überhaupt, dann müssen wir ihn hier suchen. Wir müssen ihn in uns selbst suchen" (RT, 60). Damit ist u. a. auch eine Position der DDR-Literatur (insbesondere der 70er Jahre) angesprochen. Gawein ist in ein alternatives Leben ausgestiegen, ohne die Grallehre politisch verabschieden zu müssen. Die Berufung auf seine Ratlosigkeit erlaubt ihm, die Dinge auf sich beruhen zu lassen. Auch Lancelot ist ratlos, erfährt sein Scheitern aber als Ausweglosigkeit einer existentiellen Krise. "Ich komme von einer sehr langen Reise zurück, Artus. Wenn diese Reise mein Leben war, müßte ich verzweifeln" (RT, 63). Lancelot hat am eigenen Leibe erfahren wie seine Heilslehre sich in den Augen des Volks zur verhaßten Ideologie gewandelt hat.

> Wenn ich ihnen vom Gral erzählen wollte, spuckten sie aus. Wenn ich vom Artusreich sprach, beschimpften sie mich und warfen mit Steinen nach mir. Sie glauben nicht mehr an unsere Gerechtigkeit und unseren Traum. Verschwinde, riefen sie nur, wir wollen nichts mehr davon hören, das Leben ist schwer genug. Für das Volk sind die Ritter der Tafelrunde ein Haufen von Narren, Idioten und Verbrechern. Weißt du das, Artus? (RT, 64)

War die Gralssuche der Tafelrunde vergeblich? Artus: "Sei unbesorgt, Lancelot. Wir haben den Gral nicht gefunden, aber wir sind ihm doch näher gekommen. Die Artusrunde war nicht vergeblich. Wir haben viel erreicht" (RT, 63f.). Wenn Heins Drama als Schlüsselstück gelesen würde (und die Versuchung ist groß), dann käme Artus die Rolle eines Gorbatchev bzw. seiner lokalen Vertreter und Anhänger in den Satellitenstaaten zu. Aus dem Scheitern seines Staates findet Artus zu einer Theorie des Fortschritts, die letztlich auch sein politisches Experiment einer historischen Dialektik unterwirft, so schmerzlich das auch sein mag.

> Gewiß, Keie, die Vergangenheit ist unser einziger fester Halt, aber sie allein wird uns keinen Weg zeigen. Alles hat sich verändert. Und das ist gut so. Es muß etwas Neues entstehen. Dann werden wir dem Gral zum Greifen nahe sein. Und wir werden über uns lachen, über unsere Verzweiflung, über unsere Blindheit. Wir werden nicht verstehen können, warum wir heute ratlos beieinander saßen. [...] Ja, Parzival, wir sind gescheitert. Aber wenn der Gral für uns unerreichbar wurde, müssen wir nach anderen, nie gesehenen Wegen suchen, um zu ihm zu gelangen. Und wenn wir es nicht schaffen, wird Mordret es tun. [...] Ich weiß nicht, Keie. Was meinst du? Wenn dieser Tisch uns daran hindert, den Gral zu erreichen, sollten wir ihn dann nicht besser zerbrechen. Oder zumindest begreifen und akzeptieren, daß die, die nach uns kommen, sich auf unseren alten Stühlen nicht niederlassen wollen (RT, 64).

Am Ende bleibt Artus allein mit seinem Sohn Mordret am Tisch zurück.

> Mordret: Wir sehen die Dinge verschieden, Vater.
> Artus: Ja. Das denke ich auch. Erzähl mir von dir. Ich weiß so wenig.
> [...]
> Mordret: Es war sehr mutig, ihnen allen zu sagen, daß du nicht weiter weißt.
> Artus: Das ist mir schwer gefallen.
> [...]
> Mordret: Und du glaubst wirklich, ein neuer, ein anderer Weg ist zu finden?
> Artus: Ja, Mordret. Aber nicht wir werden ihn finden, du mußt danach suchen.
> Mordret: Keie wird mich umbringen.
> Artus: Du mußt ihn verstehen, er ist ein alter Mann. Es fällt uns allen sehr schwer, zu akzeptieren, was du willst. Wir verstehen dich nicht. Wir verstehen nicht, was du willst.
> Mordret: Das weiß ich selbst nicht. Aber das alles hier, das will ich nicht.
> Artus: Es ist kein schlechter Tisch. Ich sitz gern hier. Willst du ihn wirklich zerbrechen?
> Mordret: Ich werde ihn ins Museum schaffen.
> Artus: Jaja, das dachte ich mir. Und wird dir das helfen? Wird das dir irgend etwas klarer machen?
> Mordret: Es schafft Platz. Luft zum Atmen, Vater.
> Artus: Ich habe Angst, Mordret. Du wirst viel zerstören.

Mordret: Ja, Vater (RT, 64).

Wird die Suche nach dem Gral also auf irgendeine, noch unvorhersehbare Weise weitergehen? Heins Stück beantwortet diese Frage mit einem eindeutigen Ja, an dem einzig die Anspielung auf die drohende ökologische Katastrophe ein Fragezeichen aufwirft. Denn die Suche nach dem Gral, so stellt sie sich nahezu allen Figuren gerade in ihrem erneuten Scheitern dar, ist nicht ein beliebiges Paradigma, sondern bezeichnet den Kern der philosophischen Struktur der abendländischen Zivilisation. Orilus weiß folgendes über den Gral zu berichten:

> Die Berichte sind sehr widersprüchlich. Es sei ein riesiger Edelstein, sagen die einen, von dem wundersames Leuchten ausgehe. Andere sagen, es sei der Sonnentisch der Äthioper, der sich jede Nacht erneut mit Speisen bedecke. Wieder andere nennen den Gral den Ort, wo früher das irdische Paradies war. Und wieder andere nennen ihn einen Ort großer Sünde, den Venusberg, wo man in Tänzen und Lüsten lebt. Einig sind sich alle nur darin, daß er das Höchste und Geheimste dieser Welt sei. Daraus erklärt sich wohl, daß die einen den Gral Gott nennen, andere Mutter Maria oder noch einfacher Geliebte. [...] Alle aber berichten übereinstimmend, daß die Menschen den Gral einst besaßen und durch eigene Schuld verloren. [...] Es heißt, wer ihn findet, wird spüren, daß er endlich das besitzt, wonach sich die Menschheit seit Jahrhunderten sehnte. [...] Wir suchen ihn, weil wir unzufrieden sind und weil wir nicht wissen, wie wir in Frieden leben können. Der Gral ist der Friede. Es ist daher nicht verwunderlich, daß er uns wie ein Märchen erscheint (RT, 60).

Keie:

> Der Gral ist das menschliche Glück, ein Paradies auf Erden. Wir sind alle mehr unglücklich als glücklich. Aber für eine kurze Zeit und sei es nur für einen Moment, war jeder von uns einmal glücklich. Und dieser winzige Moment unseres Glücks bedeutet, daß es den Gral gibt, daß er auf der Erde ist. Wir werden ihn vielleicht nicht finden, vielleicht werden wir ihn nie entdecken. Aber wenn wir aufgeben ihn zu suchen, werden wir beständig unglücklich sein (RT, 62).

Artus:

> Solange Menschen leben, werden sie auf der Suche nach dem Gral sein. [...] der Gral, Parzival, ist keine Dummheit. Nur die Tiere können ohne ihn auskommen, weil sie nicht wissen, daß sie sterben müssen. Unsere Sterblichkeit zwingt uns, den Gral zu suchen. Das Wissen um unseren Tod macht uns ruhelos und zwingt uns, aufzubrechen und zu suchen. - Die Tafelrunde hat sich sehr verändert. Jetzt sitzen schon

147

Frauen hier und junge Leute. Das war noch vor einigen Jahren undenkbar. Aber alles verändert sich, und das ist gut so (RT, 62).

Auch nach dem Ende der sozialistischen Tafelrunde gilt weiterhin: Die Suche nach dem Gral aufzugeben, von ihr ablassen zu können, hieße mit der idealistischen, teleologischen Struktur der abendländischen Zivilisation zu brechen. Dazu aber fehlt den Rittern der Tafelrunde nicht nur die Philosophie, sondern auch die Psychologie. Das weiß niemand besser als die Frauen. Der Mythos vom Gral ist zu allererst der Garant einer männlichen Ordnung, die Jeschute folgendermaßen beschreibt:

> Es ist wahr, ich habe nie an den Gral geglaubt. Ich war jedenfalls nie so sicher wie ihr [die Männer]. Aber irgendwie war es beruhigend, daß ihr davon überzeugt wart. Euer Gral interessierte mich nicht, ich habe niemals geglaubt, daß ihr ihn aufspürt. Und ich hielt es immer für wahnsinnig und empörend, daß so viele Ritter, so viele junge und schöne Männer deswegen sterben mußten. Aber wenn du jetzt erklärst, daß nicht einmal du mehr an den Gral glauben kannst... [...] Plötzlich tut sich ein Loch auf, riesig und bodenlos, und wir werden fallen und fallen und fallen (RT, 62).

Ginerva:

> Was ist denn so schlimm? Ob die Männer nun den Gral finden oder nicht, was ändert das für dich? Für dich und für mich? Sie werden auch dann nicht freundlicher sein. Unser Leben vergeht, und ihr Leben vergeht, und plötzlich werden wir alte Leute sein, denen die Zeit und die Jugend rasch durch die Hände rann. Unwiederbringlich dahin. Dann müssen wir uns sagen, wir haben gelebt. Dann ist unser kleines Leben vorbei. Und was haben wir gehabt? Hat es sich gelohnt? Waren wir zumindest glücklich? Es macht mir Angst, Jeschute. Wir werden alte Leute sein, bald, sehr bald. Wie schnell ist das alles vorbeigegangen (RT, 62).

Kunneware: "Ich finde es abscheulich. Ich habe das Gefühl, ich verwelke ohne je geblüht zu haben. Und keiner, mit dem man sich unterhalten kann. Alle streiten nur oder klagen. Habt ihr hier schon einmal jemand lachen hören?" (RT, 62)

Jeschute:

> Du hast recht, meine Kleine. Es wäre für uns alle tröstlich, wenn unsere Illusionen wenigstens bis zum Grab gereicht hätten. Ich verlange gar nicht, daß der Gral existiert, aber solange ich lebe, sollte man ein bißchen daran glauben können. Diese wunderschöne Seifenblase hätte noch ein wenig halten sollen. Solch ein Irrtum ist nach dem Tod leichter erträglich (RT, 62).

Schlußbemerkungen

Unter thematischen Gesichtspunkten lassen sich in Heins Werken bis 1989 vielleicht zwei Komplexe isolieren: die dramatische Auseinandersetzung mit Paradigmen der Revolution und ihrer Intellektuellen sowie die prosaische Erkundung von Entfremdungserscheinungen im intellektuellen Alltag der DDR. Beiden Themenbereichen ist zumindest eine gemeinsame Tendenz eigen: die Enthüllung und Überführung ideologischer Machtstrukturen, die Entwertung des philosophischen Schemas, das in der DDR wie in kaum einem anderen Staat seit der Aufklärung alle Erfahrungsebenen der Gesellschaft dominiert hat. Vielleicht wird die zweite Hälfte der 80er Jahre insgesamt als die Periode der ideologischen Selbstentblößung in die (Literatur-) Geschichte eingehen. Hein hat für sein Land an diesem Prozeß entscheidenden Anteil. In seinen Dramen stoßen die Ideen der Revolution in immer neuen Variationen auf die trivialen, aber letztlich bestimmenden sozial- und individualpsychologischen Bedingungen und Konsequenzen ihrer Konkretisationen und löschen sich selbst aus. Ans Tageslicht treten dabei auf der einen Seite so banale wie mächtige Motive und Kräfte der revolutionären Geschichte und auf der anderen Seite die Anmaßung und das Versagen des revolutionären Intellekts. Die existentielle Krise des Intellektuellen in der Auseinandersetzung mit den realen geschichtsträchtigen Kräften erläutert die Krise der revolutionären Philosophie und ihrer bis heute dominierenden Leitwissenschaft, der Geschichtsphilosophie. Konzentriert auf diese Thematik tritt die machtpolitische Verstrickung und die nahezu per definitionem legitimistische Funktionalität der Theorie ins Licht der tatsächlichen Geschichte des Alltags. Im Hintergrund des Heinschen Ideendramas, aber auch Teilen seiner Prosa (etwa *Horns Ende*) steht ein Plädoyer für die kognitionskritische Überprüfung der tatsächlichen Potenz von Geschichtsphilosophie und -schreibung, für die Anerkennung ihres konstruktivistischen Charakters, die bereits Benjamin in seinem Geschichtsbegriff zu verankern versuchte, mag sein (theologisches und politisches) Insistieren auf der individuellen Erlösungserfahrung auch - mit der politischen Potenz - zugleich die Grenzen dieser Geschichtsschreibung aufzeigen. Diese Forderung betrifft sowohl den großen geschichtsphilosophischen Entwurf (soweit der überhaupt noch möglich und sinnvoll ist) als auch die kleine Geschichte des individuellen Erfahrungsraums. Von Benjamins Hoffnung auf den historischen Materialismus hat bei Hein nicht mehr als die geschichtsphilosophische Skepsis überlebt. Wollte man dieser Skepsis eine positive Aussage abgewinnen, so kann sie nur in der politischen Anerkennung eines historischen Relativismus liegen: Wir können aus unserem historischen Bewußtsein nicht heraustreten, aber wir könnten versuchen, so führen Heins Werke ex negativo vor, uns dessen jeweilige Voraussetzungen und Wirkungsweisen zu erarbeiten, um die ideologischen Ansprüche der Geschichtsphilosophie, als Leitwissenschaft der letzten beiden Jahrhunderte, zurückzudrängen. Vielleicht ist sogar der Zeitpunkt gekommen, an dem wie schon einmal in den 90er Jahren des 18. Jahrhunderts die Geschichtsphilosophie (auch in den Geisteswissenschaften) dem Primat einer Erkenntnistheorie zu weichen hat, über die sich unter Umständen ein umfassenderer Konsens (zumindest in bezug auf ihre Grenzen) herstellen ließe. Wie dem auch sei, die Zeit des Objektiven Idealismus oder Objektiven Materialismus ist (hoffentlich) vorbei.

Viele Leser mögen Heins Errungenschaften im internationalen Vergleich nicht als aufregende Innovationen rezipieren, sondern als Eroberung und Adaption einer bereits vorfindbaren Ästhetik für den eigenen Kulturraum. Neben dem sozialistischen Erbe wird man in Heins Drama Spuren von Beckett, O'Casy und anderen Klassikern der Moderne finden können. Das mag gerade in Heins parodistischer Wiederentdeckung des Kammerspiels auffallen. Heiner Müllers radikalen Schritt einer grandiosen und lustvollen Apokalypse aller auffindbaren Zitate westlicher Zivilisation ist Hein nicht gegangen. Vergleichbares gilt für die Prosa, wobei das Verhältnis von Drama und Prosa an Kleist erinnert: ein dramatisch geschulter Stil, der unversehens in der Prosa überraschende Ergebnisse zeitigt, während der Autor sich weiterhin auf das Drama konzentriert.[94] Hein ist weder in bezug auf Thema noch Technik der Erfinder einer Prosa der Entfremdung. Aber er hat eine Schrift gefunden, die ihm erlaubt, diese Prosa in seinem Kulturraum zum Tragen zu bringen, ein wichtiger Schritt. Denn die Aufdeckung von Entfremdungsphänomenen in der DDR schließt nicht nur die Beo-

---

[94] Übrigens finden sich auch in der poetischen Aussage der beiden Autoren durchaus Parallelen: Beiden geht es am Ende einer ideengeschichtlichen und politischen Epoche um die ironische Infragestellung und Überführung überkommener Paradigmen und Stereotypien.

150

bachtung ein, daß auch dieser Staat sein ideologisches Ziel (seine Interpretation des alten idealistischen Telos der unentfremdeten Persönlichkeit) nicht erreicht hat, sondern daß in ihm darüberhinaus Entfremdung mit teils neuen, spezifisch realsozialistischen Formen der Anpassung einhergeht. Gerade Heins *Fremder Freund* zeigt auf, daß die Lebenshaltung etwa von Camus' *l'étranger* auch in der DDR weiterhin, wenn auch in veränderten Strukturen, möglich ist. Wie in bezug auf Heiner Müller für das Drama gilt für die Prosa, etwa im Vergleich zu Uwe Johnson, daß Hein sich auch hier den radikalen Schritt versagt hat. Seine Prosa setzt (wie sein Drama) die Arbeit an der Gattung in vorsichtigen kleinen Schritten fort und verliert das bereits Geleistete nicht aus dem Blick. Trotz Heins poetologischer Betonung der 'poetischen Erfindung' (die ein nationales Avantgarde-Bewußtsein signalisieren mag) bleibt der Welthaltigkeits- oder Wahrheitsanspruch der kleinen konkreten Fiktion der Zeitgenossenschaft mit dem Leser und der Geschichte der Gattung gleichermaßen verpflichtet. Vorherrschend ist dabei die Erarbeitung und Weiterentwicklung der Moderne. Traditionen der sozialistischen Literatur, die vielen Werken als Hintergrund und bisweilen als Material dienen, werden von einem der Zeigenossenschaft verpflichteten Gestaltungswillen sowohl von innen als auch durch die Adaption ihnen fremder Techniken aufgebrochen. Das gilt auch für Spuren der Brechtschen Ästhetik und Thematik in Heins Werk. Ah Q verläßt zwar den Fiktionsraum der Bühne und wendet sich mit Belehrungseifer direkt ans Publikum. Aber er hat ihm nichts mehr zu sagen, außer daß er selbst auch bloß ein Angestellter des Staates ist.

Die gegenwärtig vielbeschworene Ästhetik der Postmoderne hat Heins Prosa nicht erreicht. Seine Prosa reflektiert sich an keinen Mauern des Scheins einer universalen Medienkultur, ist nicht Simulation eines simulierten Lebens, sondern findet in ihrer kühlen, exakt beobachtenden Sprache, die anders als etwa Volker Brauns die Debatte mit dem staatlichen Diskurs von vornherein beschneidet, einen Zugriff zu einer Eigentlichkeitsebene der DDR-Gesellschaft, vielleicht weil deren Sinnleere eben von keinem Schein mehr übertüncht wird. Die Tünche der ideologischen Parolen, die die DDR ihren Bürgern anstelle einer massenkulturellen Simulation angeboten hat, ist längst zerbröckelt und läßt seit langem die nackte Mauer aus Beton erkennen, deren dieser Staat bedurfte. Heins Drama dagegen ist zumindest ansatzweise mit der Ästhetik der Postmoderne verknüpft. Zwar geht es auch hier nicht um das Endspiel der dekorativen Reproduktion einer zweiten Natur, die zur ersten geworden ist, wohl aber lebt Heins Ideendrama von der Dekonstruktion der in seinem Staat alles beherrschenden Idee, die 'hirnwütig' die Leerstelle Natur im Namen einer katechistischen Vernunft besetzt hält. Im Drama findet die Debatte mit dem ideologischen Diskurs den Platz, den ihr die Komödie freihalten kann. Nicht zuletzt darum sind alle hier behandelten Stücke Komödien. Aber auch in der komischen Dekonstruktion bleibt der Zuschauer inmitten des Mülls einer machtorientierten Ideologie in einer sinnentleerten Welt zurück, freilich mit dem Erkenntnisgewinn, daß dieser Staat für seine Ein- und Ausgrenzung identifizierbarer Machtstrukturen bedurfte, die weder durch Schein noch durch Ideologie zu ersetzen waren und in ihren Paradoxien die Stunde ihres Zusammenbruchs ankündigten - nicht unbedingt ein hoffnungsloser Befund. Insgesamt ist zu betonen, daß Heins Ästhetik zu keinem Zeitpunkt von der Aufklärung abrückt und sich trotz allem zu ihrer Tradition bekennt. Das mag ihn von vielen zeitgenössischen Autoren unterscheiden und gilt auch für die Dramen, die an die Kritik der abendländischen Zivilisation heranreichen, und wie viele vor ihnen auf deren Mythen zurückgreifen. "Der Mythos ist, wiewohl in der Vergangenheit wurzelnd, immer der Zukunft verwandt und damit ein höhnendes oder schmerzliches Bild gegenwärtiger Bemühungen."[95] Man denke an Heins Adaption des mittelalterlichen Mythos' der Gralssuche oder auch des modernen Mythos' eines Ah Q. Bereits in dem frühen Essay *Waldbruder Lenz* verweist Hein darauf, daß dieser Rückzug der Reflexion auf den Mythos als poetisches Exil, als Verweigerung des staatlichen Diskurses und damit als Insubordination zu verstehen ist. In unmenschlichen Zeiten kann die Poesie "nur in den wohl ungeklärtesten, unerschöpflichsten Tiefen des Volkes, im Mythos [überleben]. Hier findet sie stets das für ihr Fortbestehen notwendige Asyl" (AHQ, 141).

Zum Schluß ist noch ein Wort zu Heins Essay angebracht. Hein ist ein Autor, der auch in Hinblick auf seine theoretische Begriffsbildung und den politischen Diskurs nicht auf die Potenz der Literatur verzichtet und auch darin der Aufklärung verpflichtet bleibt. Selbst eine Rede wider die Zensur ist für ihn in bezug auf die Arbeit an der Sprache (insbesondere die metaphorische Begriffserweiterung) ein kleines Stück Literatur. Welche Staatsform der deutschen Nation auch beschieden sein mag, es gilt gerade

---

[95] Zitiert nach *Theater Heute* 7 (1989): 25.

diese Ansätze (bzw. diesen kritischen Willen) zur Sprache einer Kulturnation zu retten: gewiß ein frommer Wunsch, dessen Möglichkeit aber, davon bin ich überzeugt, trotz aller Priorität von Ökonomie und Politik die Lebensqualität auf deutschem Boden nicht unmerklich beeinflussen würde.

Werkverzeichnis

Cromwell (DDR 1978).
Einladung zum Lever Bourgeois (DDR 1980); *Nachtfahrt und früher Morgen* (BRD 1982).
Cromwell und andere Stücke (DDR 1981)
Der fremde Freund (DDR 1982); *Drachenblut* (BRD 1983).
Die wahre Geschichte des Ah Q. Nach Lu Xun (DDR 1983); *Die wahre Geschichte des Ah Q. Stücke und Essays* (BRD 1984).
Das Wildpferd unterm Kachelofen. Kinderbuch (DDR 1984).
Horns Ende (DDR & BRD 1985).
Passage (BRD 1988).
Der Tangospieler (DDR & BRD 1989).
Die Ritter der Tafelrunde (BRD 1989).

Uraufführungen

Vom hungrigen Hennecke, Volksbühne Berlin (1974).
Schlötel oder Was solls, Volksbühne Berlin (1974).
Die Geschäfte des Herrn John D., Stadttheater Neustrelitz (1979).
Cromwell, Theater der Stadt Cottbus (1980).
Lassalle, Düsseldorfer Schauspielhaus (1980).
Der neue Menoza oder Die Geschichte des kumbaischen Prinzen Tandi. Staatliche Bühnen Schwerin (1982).
Die wahre Geschichte des Ah Q, Deutsches Theater Berlin (1983).
Passage, zugleich in Essen, Zürich und Dresden (1987).
Die Ritter der Tafelrunde, Dresdener Staatsschauspiel (1989).